카페 블루보틀

카페 블루보틀

파란색 병에 담긴 특별한 라이프스타일

초판 1쇄 인쇄 2018년 4월 2일
초판 2쇄 발행 2019년 1월 30일

지은이 김종선, 김태균, 진변석

펴낸이 박세현
펴낸곳 팬덤북스

기획위원 김정대 · 김종선 · 김옥림
편집 이선희 · 조시연
디자인 심지유
마케팅 전창열

주소 (우)14557 경기도 부천시 부천로 198번길 18, 202동 1104호
전화 070-8821-4312 | **팩스** 02-6008-4318
이메일 fandombooks@naver.com
블로그 http://blog.naver.com/fandombooks

출판등록 2009년 7월 9일(제2018-000046호)

ISBN 979-11-6169-044-5 03320

카페 블루보틀

BLUE BOTTLE COFFEE

김종선, 김태균, 진변석 지음

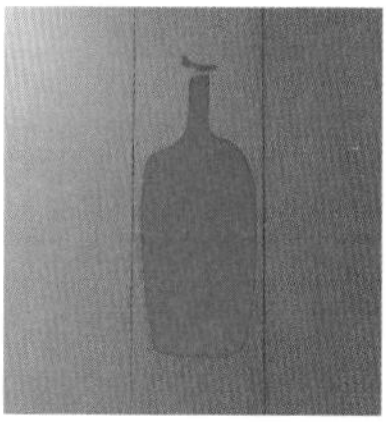

팬덤북스

블루보틀! 와, 파란색 병에 담긴 커피라……. 어떤 맛일까? 어떤 맛이기에 사람들이 홀딱 빠져 버리는 걸까? 이런저런 상념에 잠겨 도쿄 신주쿠의 뉴우먼NEWoMan 쇼핑몰에 자리 잡고 있는 블루보틀에 들렀다.

첫눈에 보인 것은 환한 인테리어였다. 약간의 차이는 있지만 적어도 대한민국과 가장 가까운 나라 일본에 있는 블루보틀의 큰 특징이라고 할 원목풍의 환한 인테리어가 시선을 붙들었다.

재미있는 것은 블루보틀 매장은 고객을 향해 열린 공간이라는 점이다. 일본의 상업용 시설들이 대부분 그렇듯 '사람들, 보행자들, 쇼핑객들을 향해 열려 있는 공간'이라는 트렌드에 매우 잘 부합되는 공간이다. 장사를 하기 위해, 좀 더 높은 이익을 추구하기 위해 좁은

자료 블루보틀커피(bluebottlecoffee.com)

블루보틀에 취하다

공간에 테이블과 의자를 촘촘하게 배치하고 다소 소리 높은 음악을 틀어 주는 보통의 카페 분위기는 절대 아니다.

매장 디자인도 은은하게 빛나는 고유한 특색을 자랑한다. 굳이 '내가 블루보틀이다'라는 위압적인 분위기는 어디에서도 찾을 수 없다. 그저 옆에 편안하게 있으면서 자신을 알아보는 사람들에게만 속삭이듯 나지막한 목소리로 "지금 눈치채셨군요? 그래요. 저는 블루보틀입니다. 만나 뵙게 되어 반갑습니다. 맛있는 커피 한잔 드시고 가시면 어떨까요?"라고 대화를 건네는 분위기이다. 단박에 누군가를 사로잡지 않고 은은하게 빠져들게 하는 마법 같은 무엇인가가 있다. 그것을 느꼈다면 당신은 이미 블루보틀에 취한 것이다.

블루보틀 신주쿠 뉴우먼점

CONTENTS

블루보틀이라는 고유명사 PART 1

새로운 도약 : 블루보틀과 네슬레 PART 2

블루보틀의 마케팅 전략 PART 3

CONTENTS

블루보틀의 제품 전략 PART 4

블루보틀의 서비스 전략 PART 5

블루보틀의 차별화 전략 PART 6

블루보틀의 출점 전략 PART 7

블루보틀이라는 고유 명사

BLUE BOTTLE COFFEE

PART 1

블루보틀은 하나의 고유 명사가 되고 있다. 아니, 어쩌면 이미 고유 명사화되었다고 보는 것이 타당하다. 영문 그대로 표현하면 블루보틀은 파란색 병이지만, 우리 중 누군가는 이미 '블루보틀'이라 쓰고 '커피'라고 받아들이게 되었다. 마치 '애플'이라 쓰고 아이폰이나 맥북으로 받아들이는 것과 같은 현상이 나타나고 있는 것이다.

코카콜라, 나이키, 맥도널드, 스타벅스처럼 이름만 들어도 단박에 자타가 공인하는 성공적인 브랜드들은 모두 자신만의 강렬한 강점과 특징을 자랑한다. 물론 단지 자신만의 강렬한 강점이나 특징만으로 만들어지는 것은 결코 아니다. 중요한 한 가지 요소가 가미되어야 비로소 좋은 브랜드, 성공적인 브랜드가 되기 때문이다.

Q. 어떤 요소가 더해져야 성공적인 브랜드가 될 수 있을까?

A '복제 가능성'이 없거나 매우 작아야 한다.

복제 가능성이라고? 설마 생명 과학에서 말하는 바로 그 복제 가능성?

"브랜드 이야기 하다 갑자기 웬 생명 과학을 들먹이는 거야?" 라고 타박을 들을지도 몰라 미리 말해 둔다. 필자가 말하는 복제 가능성은 절대 생명 과학에서 말하는 복제 가능성이 아니다. 위에서 말한 복제 가능성이란 후발 회사나 제품이 이미 시장에 진입한 회사나 출시된 제품을 얼마나 쉽게 따라 할 수 있는가를 의미하는 개념이다.

복제 가능성이 그렇게 중요한가? 중요하다. 그것도 아주 중요하다. 과거에는 첨단 기술을 기반으로 하는 제품의 복제 가능성이 매우 낮아서 해당 제품을 생산하는 기업들은 엄청난 이익을 창출했다. 애플이 아이팟과 아이폰 시리즈로, 삼성이 반도체와 더불어 갤럭시와 갤럭시 노트 시리즈로 엄청난 이익을 창출했던 것도 후발 업체들이 이미 시장에 진입한 애플이나 삼성의 기술을 복제할 수 없었기 때문이다.

하지만 기술이 일정 수준으로 올라오면 선발 기업들의 기술 발전 속도가 더뎌지고, 이로 인해 후발 기업들의 복제 가능성이 높아진다. 몇 년 전만 해도 조악하기 그지없던 중국산 짝퉁 아이폰, 짝퉁 갤럭시가 이제는 정교해지는 수준을 넘어 독자 브랜드로 애플과 삼성의 아성에 도전하는 수준에까지 이르렀다. 중국 내 휴대폰 시장을 살펴보면 이 같은 상황을 좀 더 명확하게 확인 가능하다.

IT 리서치 업체인 IDC에 따르면 2017년 3분기 기준 중국 내 휴대폰의 시장 점유율은 그야말로 중국 업체들의 독무대나 다름없었다. 빅 5 가운데 1위부터 4위까지가 모두 중국 업체였다. 점유율도 무려 70% 수준에 이르는 것으로 나타났다. 1위는 화웨이(19.4%)였고, 다음으로 오포(18.8%), 비보(16.4%), 샤오미(13.7%) 순서였다. 이에 비해 애플은 5위(7.7%)로 간신히 턱걸이를 했고, 삼성은 빅 5에서 밀려났다.

글로벌 스마트폰 시장에서의 점유율 추이 역시 중국 업체들의 성장을 분명하게 보여 준다. 화웨이, 오포, 샤오미의 시장 점유율이 보이는 상승 속도는 두렵기까지 한 수준이다. 불과 얼마 전만 해도 삼성이나 애플과 경쟁하리라고 생각조차 못했던 중국 휴대폰 회사들이 화웨이, 오포, 샤오미, 비보였다. 어느덧 기술 복제를 통해 글로벌 절대 2강으로 군림하던 삼성과

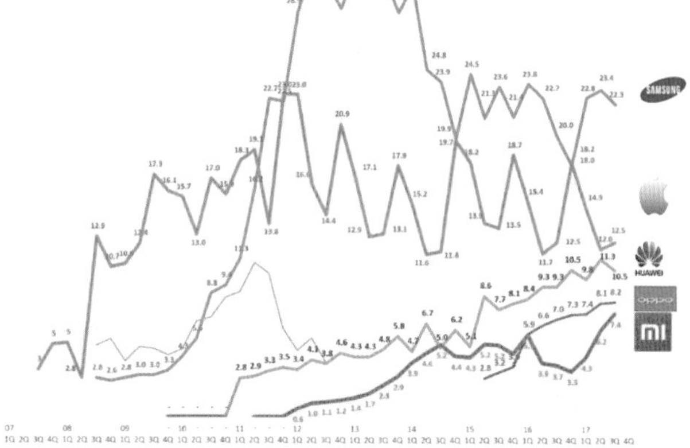

자료 www.gartner.com
재인용 happist.com

스마트폰 시장 점유율 추이

애플을 추격한 그들을 보면 복제 가능성을 회피하기란 얼마나 어려운지를 다시 한 번 실감하게 된다.

이런 세계적인 흐름 속에서 철저하게 후발 기업인 블루보틀이 맛있고 분위기 있으면서 고급스러운 커피라는 하나의 고유명사로 자리매김했다는 사실은 실로 놀랍다. 블루보틀의 장점을 글로벌 공룡 기업들이나 커피 업계의 대형 프랜차이즈들이 복제하려는 시도를 했음에도 여전히 자신들의 정체성을 유지함은 물론 비약적인 성장을 해내고 있다. 스타벅스가 커피 업계에서 확실한 강자로 자리매김해 왔듯이, 블루보틀도 프리미엄 커피 시장에서 절대 강자의 지위를 확보하며 '고급 커피=블루보틀'이라는 공식이 통용될 것이다. 그렇게 되면 블루보틀은 프리미엄 커피를 의미하는 고유 명사가 될 것이다. 마치 애플처럼.

커피 업계의 애플, 블루보틀

사람들은 블루보틀을 커피 업계의 애플이라고 부르곤 한다. 아마도 블루보틀 커피의 고급화 전략이 애플과 유사하다고 생각하기 때문인 것 같다.

2007년 애플은 애플컴퓨터라는 사명을 애플로 변경했다. 애플 뒤에 자랑스럽게 연결되어 있던 컴퓨터라는 글자를 과감하게 떼어 낸 것이다. 애플이나 애플의 고객들에게 상당한 의미가 있는 선택이었다.

우리는 종종 지나고 나면 너무 당연하게 받아들여지고 있다는 이유만으로 너무 쉽게 "그랬나?", "그래? 근데 어쩌라고?",

블루보틀 카페(San Francisco, CA)

애플의 애플워치와 아이폰

"지금은 애플컴퓨터라는 이름이 더 이상한데?" 같은 대수롭지 않은 반응을 보이곤 한다. 지금은 아무리 큰일이 아닌 것 같아 보여도 결정을 내려야만 했던 과거 시점으로 되돌아가 의미를 따져 봐야 한다. 그러면 얼마나 큰 의미가 담긴 결정이었는지 실감할 수 있다. 기업의 흥망성쇠를 살펴보면 오늘날 가볍게 지나칠 만한 것들이 당시에는 회사의 운명을 바꾸는 선택이었던 사례들이 부지기수이다.

애플의 선택이 그랬다. 애플컴퓨터에서 애플로의 사명 변경은 더 이상 컴퓨터를 제조해서 판매하는 컴퓨터 회사가 아니라는 선포였다. 실제로 이후 애플은 컴퓨터를 넘어 각종 혁신의 아이콘으로 확실하게 자리 잡았다. 오늘날 사람들은 '애플=혁신, 프리미엄 제품'이라는 인식을 하고 있다.

블루보틀이 커피 업계의 애플로 불리는 이유도 혁신과 프리미엄 제품이라는 키워드에서 찾을 수 있다. 다만 블루보틀의 혁신은 애플의 혁신과는 다르다. 달라도 아주 많이 다르다. 애플의 혁신은 첨단 기술과 디자인, 다시 말해 디지털 차원의 혁신이었다면 블루보틀의 혁신은 지극히 아날로그적이었다.

블루보틀은 빠름의 미학이 세상을 관통하던 시기에 느림의 미학을 강조하였다. 빠르게 커피를 추출해서 즐기는 에스프레소 머신 대신 브루잉 커피에 초점을 맞추었다. 또한 블렌딩으로 대표되는 평균적인 맛의 균일성을 강조하던 기존 프랜차이즈 업계의 관행에서 탈피해 커피 고유의 맛을 강조하는 싱글 오리진 커피에 주목했다.

블루보틀의 프리미엄 전략은 느림의 미학으로 인한 매우 당연한 결과물이었다. 블루보틀 덕분에 소비자들은 에스프레소 머신에서 빠르게 추출해서 마시는 커피와는 다른, 천천히 시간을 갖고 내려 마시는 커피의 다양한 맛을 즐기게 되었다. 기꺼이 시간이라는 품을 더 들일 마음의 준비가 된 소비자들은 블렌딩 커피가 제공하지 못하는 싱글 오리진 커피만의 독특한 맛과 풍미를 경험할 수 있었다.

위와 같은 특징은 지독할 정도로 단순함을 추구하고, 디테일을 강조하며, 이를 통해 확실한 팬덤을 구축해 충성도 높은 고객층을 확보한 애플과 정확이 맞닿아 있다고 하겠다. 그 결과 소비자들은 블루보틀에서 경험했던 맛과 느림의 미학을 블루보틀만의 독특한 프리미엄 제품으로 받아들인 것이다.

또 다른 버전의 애플, 블루보틀

혁신과 프리미엄이라는 키워드 측면에서 보면 블루보틀을 커피 업계의 애플이라고 부르는 표현은 매우 적절해 보인다. 하지만 블루보틀은 블루보틀이고 애플은 애플일 뿐이다. 블루보틀을 커피 업계의 애플이라는 테두리로 한정해서는 곤란하다. 결코 무시할 수 없는 차이점이 있기 때문이다.

블루보틀과 애플은 서로 비즈니스 영역이 전혀 다르다. 그만큼 다양한 차이가 있다는 뜻이다. 그중 가장 대표적인 차이점으로 아웃소싱을 들 수 있다. 경영 용어에서 출발한 아웃소싱이라는 개념은 이제 상당히 보편화된 개념이다. 별도의 지면을 할애한 설명이 필요할까라는 생각도 들지만, 이해의 편의를 위해 간략히 설명해 본다.

아웃소싱

아웃소싱outsourcing은 인소싱insourcing의 반대 개념이다. 기업이 자사 제품의 생산, 유통 등 각종 기업 활동을 외부의 제3자에게 위탁해 처리하는 것을 말한다. 초기 아웃소싱은 단기적인 측면에서의 비용 절감과 인원 감축에 초점을 맞추었으나 현재는 핵심 역량 강화, 부가가치 제고 같은 전략적 목적에 초점을 맞춰 활용하고 있다.

다음 페이지의 그림은 아웃소싱을 개념적으로 설명하기 위해 참고한 것이다. 아웃소싱이란 전략적인 목적에서 추진되며, 범위는 핵심 역량을 제외한 분야라는 정도만 간단하게 이해하고 넘어가도록 하자. 기업들이 아웃소싱을 하는 궁극적인 이유는 결국 기업 가치의 극대화를 위해 핵심 사업에만 집중하기 위함이다.

위에서 필자는 애플과 블루보틀의 가장 대표적인 차이점으로 아웃소싱을 언급했다. 사실 애플은 아웃소싱의 대가라고 불러도 손색이 없을 정도로 가장 성공적으로 활용하고 있는 기업이다. 애플은 여타 글로벌 경쟁 기업들과 다르게 세계 여러 나라의 서로 다른 제조 업체로부터 부품과 소재를 조달받고 있다. 실제 애플이 거래하는 공급 업체는 세계 각국에 걸쳐 무려 200여 개에 달한다고 알려져 있다.

독일의 글로벌 회사인 보쉬로부터는 가속도계를, 일본의 소니로부터는 카메라를, 미국의 퀄컴으로부터는 베이스밴드 프로세서를 각각 아웃소싱해서 공급받고 있다. 이 같은 아웃소싱을 통해 애플은 막대한 이익을 창출하고 있다.

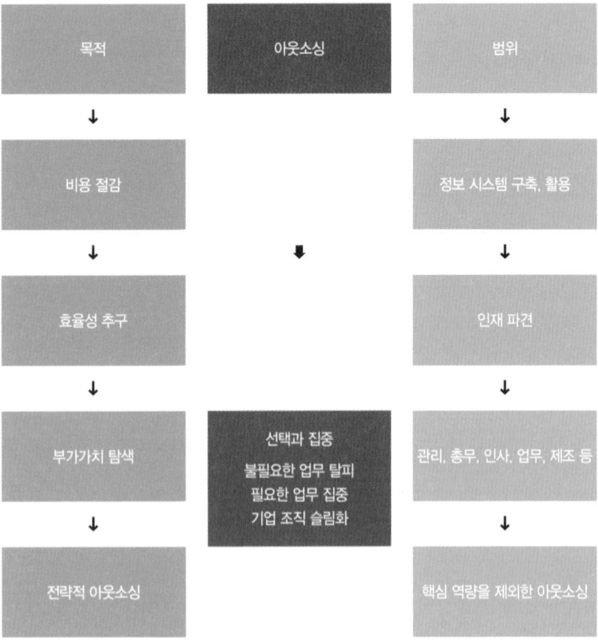

아웃소싱의 목적과 범위

그렇다면 애플은 얼마나 막대한 이익을 창출하고 있을까? 시장 조사 업체인 IHS에 따르면 과거 아이폰 6s 플러스의 생산 원가는 236달러였다. 반면 판매 가격은 가장 저렴했던 16GB 모델이 749달러였다. 판매 가격이 생산 원가의 무려 3.17배에 달했다. 이 정도면 애플을 아웃소싱의 대가라고 부를 만하지 않은가.

자료 www.flickr.com

애플이 거래하는 주요 공급 업체

아웃소싱이라는 측면에서 블루보틀은 애플의 상대가 되지 않는다. 오히려 정반대의 모습을 보이는 블루보틀이다. 원자재인 커피 원두를 제외하면 블루보틀 매장에서 판매되는 에스프레소 한 잔이 고객에게 제공되기까지의 모든 과정이 온전히 바리스타의 손길을 거쳐야 하기 때문이다. 어찌 보면 답답할 정도로 이익 극대화와는 거리가 먼 선택이다.

블루보틀은 바로 그 답답함과 느림의 미학을 통해 고급스러운 커피라는 브랜드 가치를 구축하였다. 어쩌면 블루보틀에게 아웃소싱이라는 단어는 숙명적으로 매우 낯선 단어거나 전혀 관계없는 단어였고, 앞으로도 그럴 수밖에 없을 것으로 예상된다.

시장 확대라는 측면에서도 블루보틀과 애플은 전혀 다른 자세를 취해 왔다. 익히 알려진 대로 애플은 글로벌 시장 진출에 적극적이다. 자신들의 브랜드 가치를 소중히 여기는 한편, 애플 제품에 열광하는 열렬한 소비자들을 확보하기 위해 부단한 노력을 기울였다. 작고한 애플의 최고경영자 스티브 잡스는 아이팟과 아이폰의 신제품 출시에 앞서 공개 프레젠테이션을 직접 진행하였다. 그만큼 애플의 브랜드 가치를 높이기 위한 전략적 선택이었다.

반면 블루보틀은 시장 확대라는 점에서 애플과는 정반대 선택을 했다. 블루보틀의 선택은 카페 매장이 지역적으로 미국 6곳과 일본 2곳으로 한정되어 있다는 점, 매장 수도 불과 52개에 불과하다는 사실을 통해 잘 드러난다.

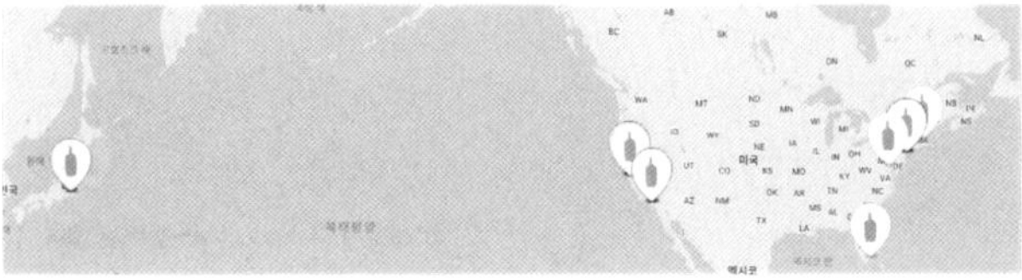

블루보틀 카페 위치도

"네슬레가 4억 2,500만 달러라는 엄청난 금액으로 인수할 당시 블루보틀 카페의 매장이 고작 51개였다니……."

"고작 51개였다고? 정말?"

"웬만한 국내 프랜차이즈 매장도 그 정도는 될 텐데?"

"앞에 1이나 2라는 숫자가 빠진 거 아닌가?"

위와 같은 반응을 보일까 봐 2018년 현재 기준으로 전 세계 블루보틀 카페 매장의 위치를 정리해 보았다.

52곳의 점포로 조심조심 자신들의 정체성을 지켜 가면서 천천히 느림의 미학을 적용해 규모를 키워 나가는 블루보틀의 전략은 애플의 글로벌화 전략과는 상당한 차이가 있다. 그럼에도 스티브 잡스가 지금의 블루보틀을 보면 이렇게 말하지 않을까.

"당신들과 우리 애플과의 차이는 아주 작군요. 형식은 달라도 추구하는 가치는 크게 다르지 않으니까 말이에요."

블루보틀 카페 현황

지역	매장
Bay Area(15곳)	☆Bay Meadows ☆California Street ☆Downtown Berkeley ☆Ferry Building ☆Ferry Building Arcade ☆Hayes Valley Kiosk ☆Market Square ☆Mint Plaza ☆Old Oakland ☆Pacific Heights ☆Palo Alto ☆Sansome ☆South Park ☆W.C. Morse ☆Webster Street
New York(12곳)	☆Bryant Park ☆Bushwick ☆Chelsea ☆Clinton Street ☆Dean Street ☆Grand Central Place ☆Midtown East ☆Park Slope ☆Rockefeller Center ☆University Place ☆Williamsburg ☆World Trade Center
Los Angeles(12곳)	☆Abbot Kinney ☆Arts District ☆Beverly Grove ☆Bradbury ☆Brentwood Town Center ☆Echo Park ☆Fairfax ☆Hayden Tract ☆Los Feliz ☆Playa Vista ☆Robertson Boulevard ☆South Beverly
Washington, D.C.(2곳)	☆Georgetown ☆Union Market
Miami(2곳)	☆Aventura ☆Design District ☆
Boston(1곳)	☆Harvard Square
Tokyo(7곳)	☆Aoyama ☆Kiyosumi ☆Nakameguro ☆Roppongi ☆Sangenjaya ☆Shinagawa ☆Shinjuku ☆Kyoto

자료 블루보틀커피(bluebottlecoffee.com)

BLUE BOTTLE COFFEE

블루보틀, 커피 산업 '제3의 물결'의 최전선에 서다

커피 산업에 '제3의 물결'이 불어닥치고 있다. 커피 산업 '제3의 물결'은 음식 평론가인 조나단 골드가 처음 사용한 개념으로, 최근 커피 산업에서 가장 핫한 키워드가 되었다. 커피 산업의 대세가 되어 가는 제3의 물결이란 어떤 의미를 담고 있을까?

질문에 답을 하기 위해서는 먼저 커피가 어떻게 소비자들에게 다가가 소비되었는가를 따져 볼 필요가 있다. 이른바 커피 산업에서 '제1의 물결'과 '제2의 물결', '제3의 물결'이 무엇인지 어렵지 않게 이해하기 위함이다.

자료 www.flickr.com

초기 인스턴트커피 광고

'제1의 물결'은 인스턴트커피의 시대를 말한다. 지금도 우리가 일상생활에서 애용하는 커피믹스가 이에 해당한다. 이른 아침 직장에 출근해 졸음을 날리기 위해 마시는 따끈한 커피도, 나른한 오후에 부족한 당을 채워 주는 달달한 커피도 커피믹스인 경우가 적지 않다. 적어도 아직까지는 직장에서, 집에서 달달하게 커피를 마시고 싶다면 커피믹스는 좋은 대안이 아닌가 싶다.

제1의 물결에서 커피는 보통 가정이나 직장에서 간편하게 즐기는 음료의 개념 이상도 이하도 아니었다. 커피 전문점이라는 개념 자체가 아직 존재하기 전이라고 하겠다.

‘제2의 물결’은 인스턴트커피에서 에스프레소 머신으로 추출한 커피를 즐기는 시대로의 변화를 의미한다. 제2의 물결의 선도자는 단연 스타벅스 커피로 대표되는 추출 커피다. 너무나 친숙한 커피 브랜드들인 커피빈, 카페베네, 엔제리너스, 투썸플레이스, 탐앤탐스, 이디야는 물론 던킨도너츠, 파리바게트에 이르기까지 모두 에스프레소에서 추출한 커피를 판매하고 있다는 공통점을 보인다. 제1의 물결에 이어 등장한 제2의 물결은 커피 산업을 송두리째 바꿔 놓은 기념비적인 변화였다.

제2의 물결에서 커피는 맛의 보편화가 추구되었다는 특징이 있다. 로스터를 통해 로스팅된 커피 원두를 섞어서 블랜딩한 후 에스프레소 머신에서 추출한 커피는 원두의 품종이나 원산지에 크게 좌우되지 않고 일정한 맛을 낼 수 있다. 에스프레소 머신 덕분에 비슷하게 블렌딩된 커피 원두를 사용해 추출하기만 하면 예측 가능한 평균적인 커피를 즐기게 된 것이다.

에스프레소 머신으로 추출한 커피로 대표되는 제2의 물결은 커피 맛의 획일화라는 전혀 의도치 않은 부작용을 초래하였다. 결국 획일화된 커피에서 벗어나려고 끊임없이 시도하는 요인이 되었다. 제3의 물결이 태동하게 만든 것이 바로 에스프레소 머신으로 추출한 커피였다.

자료 BSI경영연구원

커피 원두 로스터와 에스프레소 머신

핸드 드립 기구

이브릭 기구

사이폰

프렌치 프레스

느리지만 맛과 풍미를 즐기는 다양한 커피 추출 기구

블루보틀이 앞장서서 이끌어 가는 '제3의 물결'은 스피디하고 평균적인 맛을 추구하던 제2의 물결을 벗어나 느리고 커피 본연의 맛을 추구하는 변화이다. 다시 말해 평균과 속도에서 느림과 맛과 풍미로의 변화인 것이다.

블루보틀은 요즘 어느 카페를 가더라도 흔히 보이는 추출 방식인 에스프레소 머신을 활용하기보다 브루잉(드립 커피 등)으로 대표되는, 천천히 커피 본연의 맛을 느끼는 추출 방식을 추구하고 있다. 핸드 드립은 물론 사이폰, 프렌치 프레스, 이브릭 등 다양한 방식으로 더디지만 깊고 다양한 맛과 풍미를 주는 커피를 즐기는 곳이 블루보틀이다.

안타깝게도 큰 도시만 들르면 손쉽게 이용할 수 있는 스타벅스처럼 세계 각지에 매장이 있지는 않다. 우리나라에서 가장 가까운 블루보틀 매장이 일본 도쿄에 있는 매장이었다. 사정이 이렇다 보니 도쿄의 블루보틀 매장에 가 보면 고객 중 절반은 한국인이라는 소리도 있었다. 필자도 도쿄에는 7곳이나 매장을 운영하면서 왜 커피 사랑이 각별한 대한민국은 외면하는지 불평 아닌 불평을 하곤 했다. 2017년 기준으로 국민 1인당 커피 소비량이 연간 510잔이 넘고, 시장 규모도 11조 7천억 원을 훌쩍 넘기며, 전국의 카페 수도 7만여 개나 되는데 말이다.

다행히 2019년에 블루보틀이 성수동에 첫 매장을 오픈할 것이라는 낭보가 전해졌다. 커피 본래의 맛과 풍미를 즐길 곳이 늘어난다는 점에서 기대가 된다. 어서 블루보틀 방식으로 추출된 브루잉 커피를 한국에서 마셔보고 싶다. 나만 그런가?

BLUE BOTTLE COFFEE

블루보틀 창업자, 제임스 프리먼

블루보틀의 창업자는 제임스 프리먼이라는 미국 사람이다. 그의 직업은 클라리넷 연주자였다. 클라리넷은 매우 섬세하고 예민한 목관 악기라는 특징이 있다. 클라리넷 연주자들도 대개 섬세하고 꼼꼼한 편이다. 물론 사람에 따라 성격이 다르겠지만 자신의 전문 분야인 연주와 연주를 준비하는 과정에서 그러한 특징을 보인다는 뜻이다.

제임스 프리먼 역시 그 범주에서 벗어나지 않는 창업자였다. 일단 그는 매우 꼼꼼하고 섬세한 성격을 지녔다. 그가 커피를 즐기던 일화에서도 성격이 잘 드러난다. 비행기를 타고 다닐

제임스 프리먼

때도 스스로 기내에서 뜨거운 물을 요청해 커피를 내려 마셨던 사람이 제임스 프리먼이었다. 지금이야 커피 업계에서 성공한 사람이라 그런 섬세함이 성공의 원천이라 할 수 있겠지만, 당시 항공사 입장에서는 상당히 까탈스러운 고객이 아니었을까 싶다. 얼마나 커피 맛에 섬세하고 꼼꼼한 사람이었는지 짐작되는 일화로 보인다.

제임스 프리먼 입장에서 조금만 상황을 바꿔 생각해 보면 커피에 대한 섬세함과 꼼꼼함이 충분히 납득이 된다. 클라리넷 연주자였던 제임스 프리먼은 직업적 특수성으로 다양한 도시를 여행해야만 했다. 사실 연주자에게는 하나의 숙명과도 같은 라이프스타일이다.

세계의 다양한 도시들을 여행하다 보면 흥미롭고 신선한 경험을 얻을 기회가 온다. 다만 오랜 기간 여러 도시들을 직업적인 목적으로 다녀야 한다면 어떤 기분일까? 모르긴 몰라도 여행이라기보다 업무 목적을 지닌 출장을 가는 기분이 들지 않을까? 그러다 보면 어느 순간 이곳저곳으로 옮겨 다니는 여행이 곧 삶의 고역이 되기 쉬울 것이다.

제임스 프리먼에게 어쩌면 커피는 하나의 위로가 되어 주지 않았을까? 그래서 커피를 더욱 깊이 생각하고 본질의 맛을 추구하기 위해 노력하지 않았을까? 아직 블루보틀이라는 회사가 세상에 나타나기 전, 단순히 맛 좋은 커피를 추구하던 마니아였던 제임스 프리먼에게 커피는 이미 인생을 향유하도록 도와주는 존재가 아니었을까? 이와 같은 방식으로 커피를 대하는 사람이 커피에 관한 한 충분히 섬세하고 꼼꼼하고 까탈스럽지 않다면 오히려 이상하게 느껴질지도 모른다.

한편 제임스 프리먼은 그저 관리하고 성장을 추구하는, 다시 말해 우리가 흔히 생각하는 회장님의 이미지와는 많이 다른 모습을 보여 왔다. 커피와 커피 산업에 대한 해박한 지식과 이해는 고인이 된 스티브 잡스 전 애플 CEO의 스타일과 비슷하다. 반면 커피 산업과 관련한 많은 사람들과 소통하고 협업하기를 즐기며 늘 밝은 모습을 보이는 점은 스티브 잡스와는 또 다르다 하겠다.

제임스 프리먼 옆에는 때로는 진지한 모습으로, 또 때로는 유쾌하고 밝은 모습으로 사람들이 함께하는 경우가 대부분이다. 그만큼 소통하는 즐거움에 가치를 두고 있다. 아울러 제임스 프리먼은 현장주의자이다. 자신이 커피를 로스팅하고 커핑을 하며 추출하는 것은 물론, 직원 채용에 이르기까지 직접 관여한다. 이를 통해 좀 더 맛있는 커피, 수준 높은 커피를 고객들에게 제공하게 된 것이다.

누구나 블루보틀이 해 온 방식을 따라 할 수는 있다. 그러나 누구나 블루보틀처럼 할 수는 없다. 커피에 대한 진지한 태도, 끊임없는 노력, 소통을 기반으로 한 발 한 발 느려도 확실하게 '제3의 물결'의 최전선에서 전진해 나가기 때문이다.

늘 소통을 즐기는 제임스 프리먼

제임스 프리먼, 왜 커피였을까?

제임스 프리먼은 단순히 커피를 마시는 사람이 아니라 커피에 대한 심미안을 갖고 있는 사람이었다. 어떤 분야에 심미안을 갖고 있거나 더 나아가 전문적 식견을 갖고 있다고 해서 모두가 창업을 하지는 않는다. 심미안이나 전문적 식견과 창업은 본질적으로 서로 다른 영역이다. 제임스 프리먼은 자신의 심미안, 전문적 식견과 밀접하게 연결되어 있는 커피를 굳이 창업의 대상으로 삼았다. 왜 그는 커피로 창업할 생각을 했을까?

몇 년 전 일본의 경제 신문과 가진 인터뷰를 필자가 가상의 문답으로 정리해 보았다. 이를 통해 제임스 프리먼이 굳이 커피를 선택해 창업한 이유를 발견할 수 있을 것이다.

김 제임스 프리먼 회장님, 반갑습니다. 저는 오케스트라의 클라리넷 연주자라고 하면 격식을 갖춰 턱시도를 입고 있는 모습이 떠올라서요. 왠지 엄숙하고 분위기가 무거운 분이 아닐까 하는 생각을 했습니다.

프리먼 그런가요? 사실 클래식 연주자라고 하면 대부분 턱시도를 입고 무대에서 연주하는 모습을 떠올리는 것이 무리는 아니라고 봐요. 다만 그것은 클래식 연주자들이 보여 주는 지극히 작은 부분입니다.

김 그렇죠. 클래식 연주자 이야기가 나온 김에 한마디만 여쭙겠습니다. '클래식은 ○○이다'라고 정의한다면 ○○에 들어갈 가장 적절한 표현은 무엇이라고 생각하시나요?

프리먼 반복이라고 생각합니다. 클래식 연주는 아무리 작은 부분이라도 몇 번, 몇 십 번, 몇 백 번, 나아가 몇 천 번을 반복해야 하는 일이니까요. 다르게 생각하시는 분들도 많겠지만 저 같은 경우는 반복을 함으로써 완벽한 연주가 가능하다고 생각합니다.

김 갑자기 이런 생각이 드는군요. 반복과 커피가 어딘지 좀 짝이 맞지 않는다는 생각 말입니다. 커피와 반복이라……. 좀 어색한 부분이 있는데요? 그럼 커피와 클래식이 비슷하다고 생각하고 계시는군요? 제가 제대로 이해하고 있는 것이 맞나요?

프리먼 그렇습니다. 확실히 저는 커피가 클래식 연주와 비슷하다고 생각합니다.

김 그렇게 생각하시는 이유도 역시 반복이라는 키워드로 설명이 가능하겠죠?

프리먼 그렇습니다. 반복이라는 단어는 긍정적인 의미로 사용될 수도 있고, 부정적인 의미로 사용될 수도 있죠. 우리는 반복이라는 단어를 좀 부정적인 느낌으로 많이 활용하고 있습니다. 제가 생각하는 반복은 같은 일을 반복함으로써 부족함을 보충하고 개선하는 행동입니다. 다시 말해 긍정적인 측면에서의 반복을 말합니다. 반복을 통해 부족함을 채우고 개선하는 자세야말로 커피에 가장 잘 어울리는 자세가 아닐까요?

김 예를 든다면……?

프리먼 어떤 바리스타가 있습니다. 바리스타 자격을 취득한 지 얼마 되지 않은 신참 바리스타입니다. 당연히 경력이 짧겠죠. 신참 바리스타가 추출한 커피가 과연 경력이 풍부한 바리스타의 커피에 비할까요? 만약 엄청난 자질이 있는 신참 바리스타라면 못 할 바도 없겠죠. 그러나 대개는 맛에서 적지 않은 차이가 날 것입니다. 그렇다고 실망하기는 이르죠. 신참 바리스타가 꾸준히 연습하면 경험 부족이라는 문제를 해결할 것입니다. 반복 연습이 머지않아 훌륭한 맛을 자랑하는 커피를 고객에게 서비스하는 바리스타로 만들어 주죠. 제가 반복이 중요하다고 생각하는 이유입니다.

김 아! 그런 의미셨군요. 이제 회장님께 반복이 왜 키워드가 되는지 이유를 알 것 같습니다.

프리먼 다행입니다.

다음은 제임스 프리먼이 인터뷰와 저서를 통해 커피로 창업한 또 다른 이유를 언급한 것을 역시 필자가 가상의 문답으로 정리한 내용이다.

김 이번에는 다른 질문입니다. 커피를 콕 찍어 창업을 하게 된 이유가 분명 있을 것입니다. 왜 굳이 커피였습니까?

프리먼 그냥 커피를 포함한 요식 업계 사람들의 따뜻하고 밝은 모습이 좋았습니다. 아시듯이 저는 오케스트라의 클라리넷 연주자였습니다. 직업적 특성 덕에 저의 삶은 섬세하고 정확하며 한 치의 실수도 용납되지 않는 분위기에 둘러싸여 있었습니다. 요식업은 분위기가 완전히 달랐습니다. 밝고 환하고 따뜻한 웃음이 가득한 분위기였죠. 뭔가 위로가 되는 분위기라고 할까요. 뭐, 그런 느낌이었습니다. 자연스레 '이 사람들과 함께 일을 하면 좋겠다'라는 생각이 들었죠. 제가 커피를 선택했던 가장 큰 이유 가운데 하나입니다.

김 그 느낌은 저도 알겠습니다. 환하게 웃는 밝은 분위기의 식당이나 카페에 들르면 왠지 저도 기분이 유쾌해지는 경험을 종종 하거든요.

프리먼 그게 바로 제가 느꼈던 기분이었습니다.

제임스 프리먼이 커피를 선택했던 배경에는 클라리넷 연주자로서의 직업과 삶이 자리 잡고 있었다고 보인다.

유쾌한 표정의 요식 업계 사람들

BLUE BOTTLE COFFEE

고집쟁이 블루보틀

"블루보틀은 고집쟁이다!"

누군가 이처럼 주장한다면 아마도 대부분의 사람들은 "응? 그건 또 무슨 말이지?"라는 반응을 보일 것이다. 사실 어디를 봐도 고집과는 거리가 멀어 보이는 회사가 블루보틀임은 분명하다. 하지만 자세히 알기 전에 대략 살펴보고 모든 것을 판단한다면 오류 가능성이 높아진다.

"블루보틀이 도대체 무슨 고집이 있다는 말이지?"

이런 반응을 보인다면 십중팔구 나쁜 의미에서의 고집, 흔히 말하는 '똥고집'이라고 생각한 결과가 아닐까 싶다. 과연 고집에는 똥고집으로 대표되는 부정적인 고집만 있을까? 결코 그렇지 않다. 삐딱한 시선으로 바라본다면 똥고집이 될지도 모르지만 긍정적인 측면에서의 고집은 '외길 인생', '한 우물 파기', '고독한 집념의 승부사' 같은 좋은 평가를 받곤 한다. 물론 성공한 경우에만 그렇게 불리겠지만 말이다.

블루보틀은 자신들의 영역에서 고유의 철학을 유지하며 성공의 길을 걷고 있는 브랜드이다. 블루보틀의 고집은 자신들만의 영역을 개척하는 '고독한 집념의 승부사' 정도로 평가될 것이다. 그럼 블루보틀은 왜 고집쟁이라고 불려야 할까?

첫째, '속도'가 대세인 세상에서 스스로 '느림'을 선택했다는 점이다. 빨리 만들고 많이 판매하면 수익이 커지고 기업의 규모도 커진다. 이런 기업은 성장 가도를 달린다. 창업가 대부분이 바라는 방식이기도 하다.

스타벅스를 필두로 하는 커피 산업 제2의 물결에서는 빠르면서도 어떤 나라 어떤 도시에서나 균일한 커피 맛을 고객이 즐기도록 하는 것이 지상 과제나 다름없었다. 많은 고객들이 매장을 방문해 주문을 하는 이상 속도는 커피 비즈니스가 성공하기 위한 핵심 요소였다. 그런 환경에서 블루보틀은 과감히 속도를 버리고 대신 느림을 선택했다. 이것 하나만으로도 엄청난 역발상이 아닐 수 없다.

블루보틀의 커피 머신과 그라인더

둘째, '블렌딩'이 대세인 세상에서 '싱글 오리진'을 선택했다는 점이다. 에스프레소 머신을 사용해 빠른 속도로 커피를 추출하여 평균적인 커피, 어디서나 동일한 맛을 내는 환경을 구축하기 위해 업체들은 많은 고민을 했다. 그 과정에서 등장한 방법이 블렌딩이다. 서로 다른 맛을 내는 커피 원두를 섞어 로스팅한 후 에스프레소 머신에서 추출하면 우리가 지금까지 익숙하게 마셔 왔던 커피를 만나게 된다. 블루보틀은 이런 대세를 거부했다. 대신 싱글 오리진을 고집했다.

블렌딩 원두

싱글 오리진 원두 : 에스메랄다 게이샤 카나스 베르데스

블루보틀이 주목한 싱글 오리진은 무엇일까? 싱글 오리진은 한 국가의 단일 생산자, 단일 작물 또는 한 지역에서 재배된 커피라고 정의할 수 있다. 지금 만일 당신이 싱글 오리진 커피를 마시고 있다면 재배 지역을 알 수 있으며, 블렌딩 커피가 아니라는 보장이 된다. 이런 이유로 싱글 오리진이라는 단어는 특정 농장에서 나온 고품질의 원두를 입증하는 고급스러운 의미를 갖고 있다. 싱글 오리진 원두에서 천천히 커피 본연의 맛을 충분히 끌어내는 방식은 블루보틀이 포기하지 않는 고집이다.

셋째, '규모'가 대세인 세상에서 '내실'에 우선순위를 두고 있다는 점이다. 확실히 표준화를 통해 다양한 시장에 진입하면 고객을 늘리고 수익을 창출하기 용이하다. 글로벌 커피 브랜드인 스타벅스도 같은 방식을 통해 성장을 거듭해 오고 있다.

블루보틀은 맛있는 커피 본연의 맛을 구현하기 위해 규모 키우기를 과감히 포기했다. 전 세계에 블루보틀 매장이 50여 개에 불과한 이유이다. 매장 수가 많지 않다고 누구도 블루보틀이 잘못된 길을 걷고 있다고 말하지 않는다. 만약 블루보틀의 선택이 잘못되었다면 네슬레가 막대한 자금을 들여 지분 인수를 할 이유가 있을까? 블루보틀의 역발상을 다시 한 번 되짚어 볼 필요가 있는 대목이다.

천천히 그리고 배려

블루보틀을 이야기할 때마다 '느림'이라는 키워드를 접한다. 느림은 숙명적으로 '속도'와 반비례 관계가 성립한다. 느림과 속도는 긍정적 의미와 부정적 의미 모두를 담고 있다는 공통점도 있다. 경영의 역사를 보면 많은 기업들이 성공을 위해 느림과 속도라는 두 가지 요소의 조화를 추구해 오고 있음이 확인된다.

지금 이 순간에도 기업들은 때로는 느림을 추구하고, 때로는 속도를 추구한다. 이해하기 쉽게 예를 들면 '아날로그'와 '디지털'은 느림과 속도를 대표하는 현대의 대표적인 키워드이다.

자료 www.flickr.com

느림과 속도

현대 문명으로부터 디지털을 빼어 간다면 과연 어떻게 될까? 현대인들의 삶은 어떻게 바뀔까? 모르긴 몰라도 일대 혼란이 발생할 것이다.

먼저 스마트폰이 사라질 것이다. 스마트폰 없는 세상이라니 어떤 느낌일지 상상이 되지 않는다. 2007년 아이폰에서 본격적으로 스마트폰이 시작되어 불과 11년이 흘렀을 뿐인데, 마치 처음부터 인류와 함께 존재해 왔던 기분이 들 정도이다.

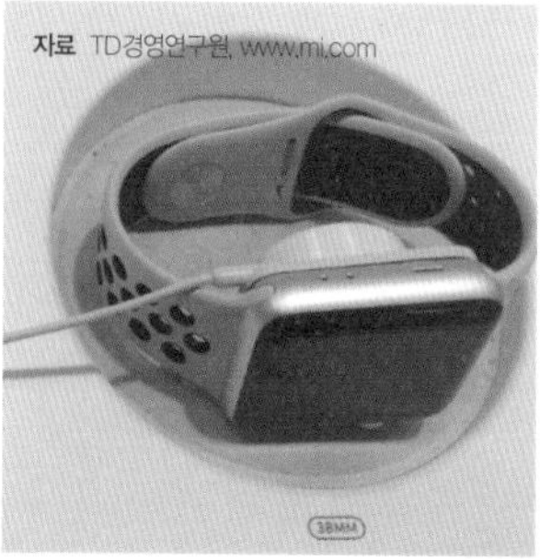

애플 워치와 샤오미의 어메이즈핏

디지털 카메라도 사라질 것이다. 사진을 찍고 필름을 현상하는 불편함을 겪어야 괜찮은 사진 1장을 건진다. 인터넷 뱅킹도 사라질 것이다. 모바일 결제도 불가능하고, 배달 앱을 통한 음식 주문도 불가능하게 된다. 말 그대로 사방이 불편함 천지가 될 것이다. 오늘날 디지털 기기들이 사람들과 얼마나 밀접하게 연결되어 있는지 실감하게 된다.

이처럼 편리한 디지털 시대에 굳이 아날로그적 접근을 시도했던 곳이 블루보틀이다. 어떻게 가공해서 판매하느냐에 초점을 맞추는 대신 다른 방식을 찾았다. 어떤 좋은 품종을 얼마나 적당한 땅에 심는가, 얼마나 잘 기르고 건조시켜 훌륭하게 로스팅을 하는가, 숙련된 바리스타가 각각의 원두가 지닌 특징적인 본연의 맛과 향을 얼마나 잘 이끌어 내는가 등에 초점을 맞추었다. 그야말로 아날로그적 접근이 아니고 무엇이겠는가.

블루보틀은 이익을 추구하되 참 착하게 추구한다. 자신이 성공하기 위해 다른 사람이나 기업을 도태시키려고 하지 않는다. 서로 상생하고 함께 발전해 나가기 위해 노력한다. 당연히 블루보틀은 커피 원두를 구입하면서 가격 후려치기를 하지 않는다. 나아가 자신들의 이익을 추구하기 위해서가 아니라 질 좋은 커피를 구하기 위해 커피 농장과 직거래를 한다.

블루보틀은 자신들의 방식으로 커피 시장의 규모 자체를 키울 수 있다는 굳은 믿음을 갖고 있다. 실제로 사람과 돈이 모여야 커피 시장의 파이도 커진다. 모든 비즈니스에 통용되는 진리다. 블루보틀은 사생결단의 경쟁과 극한의 이익을 추구하는 디지털적인 비즈니스와는 거리가 있는 기업이다. 정과 뚝심과 상생이 핵심인 기업, 배려를 중요하게 생각하는 기업이다. 고객을 생각하는 종업원이 있는 회사이자, 함께 모여 아날로그 비즈니스를 실천하는 기업이 바로 블루보틀이다.

어쩌면 우리는 블루보틀 2호점, 3호점, 4호점이 출점하기까지 오랜 시간을 기다려야 할지도 모른다. 그렇다고 실망할 필요는 없다. 블루보틀이라는 기업이 원래 더디고 느림의 미학을 추구하는 기업 아닌가. 그저 소풍을 기다리는 어린아이의 심정으로 기다리면 되지 않을까. 언젠가 온전히 때가 이르렀다고 판단되면 2호점, 3호점, 4호점을 잇달아 출점하면서 우리 곁에 자리 잡을 것이다. 그때 우리는 천천히 느림의 미학을 만끽하면 된다. 봄날 따뜻한 햇볕이 마음에 추억을 남기면서 천천히 우리 곁에 머물다 가듯이 한 손에 드립 커피를 들고 블루보틀의 나무 의자에 앉아서…….

BLUE BOTTLE COFFEE

커피가 아닌 라이프스타일을 팔다

라이프스타일을 파는 회사? 그런 회사가 있어? 아마도 반문하는 독자가 있을 것이다. 라이프스타일을 판매한다면 과연 어떤 라이프스타일을 판다는 말인지 명확하지 않기 때문이다. 다행히 라이프스타일을 판다는 모토로 기업 활동을 하는 회사가 있다. 이웃 나라 일본의 츠타야 서점이다.

츠타야는 서점이면서 다른 한편으로는 서점이 아니다. 이게 무슨 황당한 경우일까? 왜 이렇게 표현해야만 할까? 이유는 츠타야 서점에 대해 조금만 살펴보면 알 수 있다. 츠타야 서점하면 가장 먼저 떠올리는 곳이 다이칸야마점이다.

츠타야 다이칸야마

다이칸야마는 우리로 따지면 청담동 정도 되는 지역이다. 그곳에 자리 잡은 츠타야 다이칸야마점은 서점이 아닌, 서점 이상의 무언가를 제공하는 곳으로 유명하다. 서점이 달라 봐야 얼마나 다를까 하는 생각은 이곳을 방문하는 순간부터 도전을 받는다. 온갖 감성이 살아 숨 쉬는 건물과 조경, 조용하지만 힘찬 에너지가 꿈틀거리는 기분에 휩싸여 버리기 때문이다.

세 동의 건물로 이루어진 츠타야 다이칸야마점은 서점은 물론 CD와 DVD 대여 및 판매점, 스타벅스와의 콜라보레이션, 품격 있는 바와 레스토랑이 한데 어우러진 곳이다. 단순한 서점이 아니라 라이프스타일을 판다는 캐치프레이즈에 아주 잘 어울리는 공간이다.

라이프스타일을 판매하는 블루보틀 매장

블루보틀은 어떤가? 블루보틀도 라이프스타일을 파는 곳이라고 할 수 있을까? 필자는 그렇다고 감히 말한다. 블루보틀이 만약 커피에만 집중하고 지속적으로 매달려 온 기업이라면 라이프스타일을 판다는 표현과는 다소 거리가 먼 기업에 머물렀을 것이다. 블루보틀은 커피 하나만을 판매하기 위해 부단히 노력하는 기업이기를 거부하고 커피와 관련된 라이프스타일을 판매하는 기업이 되기를 선택했다. 블루보틀은 커피를 맛있게 먹기 위해 어떤 원두를 선택하고, 얼마나 로스팅을 하며, 어떻게 추출하면 좋은지를 제안한다.

이웃 나라 도쿄의 블루보틀 매장을 방문하면 왜 라이프스타일을 판매하는 회사라고 지칭하는지 분명하게 확인하게 된다.

도쿄 매장에서는 커피 원두 외에도 머그잔, 핸드 드립 기구에 에코백까지 판매한다. 커피를 즐기는 삶은 물론 환경을 생각하는 건강한 기업으로서 블루보틀을 사랑하는 소비자들에게 새로운 라이프스타일을 제안하는 것이다. 블루보틀을 커피를 판매하는 기업이 아닌 라이프스타일을 판매하는 기업이라고 부르는 이유이다.

아마도 머지않아 블루보틀이 식기, 조리 기구, 가전제품 등으로 영역을 넓혀 가는 모습을 보게 될지도 모른다. 곧 우리 삶과 밀접하게 연결되는 제품들이 블루보틀 상표를 달고 등장할 것이라는 의미이다. 블루보틀이 제안하는 라이프스타일은 무엇인지 벌써부터 설렌다. 그때가 기다려진다.

맛있는 커피,
블루보틀

모든 제품이나 서비스는 본래 기능에 충실해야 사랑받고 살아남는다. 이것은 경영사의 진리이기도 하다. 블루보틀은 커피를 판매하는 회사이다. 블루보틀의 본래 기능은 맛있는 커피를 제공하는 것이다. 블루보틀은 고객들이 만족할 만한 맛있는 커피를 제공하고 있을까? 답은 당연히 'Yes'이다. 블루보틀 커피를 마셔 본 사람은 한결같이 말한다.

"제 인생 커피예요."

과도한 찬사라고 타박하는 이들도 있겠다. 진짜 맛있는 커피를 많이 마셔 보지 못해서 블루보틀 커피가 맛있다고 느꼈을 수 있다고도 말한다. 물론 그럴지도 모른다. 그럼에도 달라지지 않는 사실이 있다. 블루보틀 커피는 정말 맛있다는 것이다.

흔히 달달함을 즐기는 남성이 종종 마시는 커피 메뉴가 몇 가지 있다. 라테 메뉴를 제외한다면 캐러멜 마키아토, 카페 모카가 해당된다. 필자는 개인적으로 카페 모카를 좋아한다. 잘못 만들어진 카페 모카는 우유의 비릿한 맛이 느껴지기도 하고, 어중간한 맛으로 인해 도대체 뭘 마시고 있는지 의심이 들기도 한다. 어떤 경우에는 거품이 흔히 말하는 게거품처럼 만들어져 우유가 잔 속에서 제멋대로 헤엄을 치는 듯한 기분이 들기도 한다.

그뿐만이 아니다. 카페 모카를 주문했더니 달기만 해서 마치 설탕물 같은 느낌을 감내해야 하는 경우도 있고, 기분 좋은 달달함은 어디 갔는지 전혀 달지 않은 무를 씹는 듯한 기분과 맞닥뜨려야 하는 경우도 있다.

블루보틀에서 맛본 카페 모카는 다르다. 첫 모금을 마시자 그다지 달지 않으면서도 깊은 맛이라는 느낌이 든다. 두 모금, 세 모금 마실 때마다 깊은 맛이 느껴지기 시작한다. '이 맛이 진짜 카페 모카지!' 감탄하고 있을 즈음이면 그동안 억눌려 있던 초콜릿의 묵직한 달콤함이 입안을 가득 채운다. 시간이 흐를수록 지나치게 달지 않으면서도 부드러운 달콤함이 조금씩

자료 BSI경영연구원

블루보틀의 카페 모카

입안을 적신다. 기분 좋은 달콤함이란 이런 것일까? 와! 감탄사가 터져 나온다.

그날 도쿄에서 맛본 카페 모카는 나의 '인생 카페 모카'(블루보틀에서는 카페 모카를 그냥 모카로 부른다)였다. 지금껏 어디에서도 느껴 보지 못한 깊은 여운이 남는 카페 모카였으니 말이다.

솔직하게 말하자면 '카페 모카가 달라야 얼마나 다르겠어?'라는 생각이 전혀 없지는 않았다. 나름 바리스타 자격증도 가지고 있어서 일반인보다 조금은 더 커피에 대해 알고 있다는 건방진 생각도 약간 들었다. 내가 전부 틀렸다. '커피가 달라도 이렇게나 다를 수 있구나' 하는 깨달음을 얻었다. 에스프레소도, 아메리카노도 아닌 카페 모카 하나만으로도…….

뒤이어 아메리카노를 마셔 보았다. 비교하기 쉽게 에스프레소 머신으로 추출한 커피를 마셨다. 평소에 브루잉 커피보다 에스프레소 머신으로 추출한 커피를 더 자주 마신다. 당연히 에스프레소 머신에서 추출한 커피를 마셔 봐야 그동안 마셨던 커피와 어떻게 다른지 비교하기 쉽겠다는 계산이었다.

'카페 모카와는 다르겠지?', '에스프레소는 비슷하려나?'라는 생각을 했다. 이번에도 내 생각은 보기 좋게 틀렸다. 생각 이상의 맛이었다. 말로 표현하기에 부족한 커피 맛이었다. 나무 향기 같은 청량한 맛에 풍미가 더해져 그윽하고 깊이 있는 맛이 느껴졌다. 확실히 기존의 커피 전문점에서 맛보던 아메리카노와는 확연히 구별되는 맛이었다.

확실히 맛있다, 블루보틀 커피. 성수동에 블루보틀 커피 1호점이 출점한다니 줄을 서서라도 마시고 싶다. 한두 시간 기다린들 어떤가. 도쿄로 가는 시간에 비하면 빠르지 않은가.

새로운 도약 :
블루보틀과 네슬레

BLUE BOTTLE COFFEE

PART 2

네슬레(Vevey, Switzerland)

2017년 커피 업계의 최대 이슈는 네슬레의 블루보틀 지배 지분(68%) 인수였다. 그것도 4억 2,500만 달러라는 어마어마한 가격을 지불했다. 운동선수의 몸값이 수백억 원대에 달하는 요즘 추세에 비춰 보면 "그리 큰 금액도 아닌데 뭐 그리 호들갑이냐"고 말할 수도 있다. 하지만 전 세계적으로 50여 개의 매장밖에 없는 커피 회사를 다른 기업도 아닌 글로벌 기업인 네슬레가 무려 4억 2,500만 달러라는 막대한 가격을 지불하고서라도 인수해야만 했다면 이야기가 달라지지 않을까.

아마도 눈치가 빠른 독자라면 벌써 '네슬레가 선뜻 높은 가격을 지불하고서라도 블루보틀을 인수한 분명한 이유가 있겠지'라고 짐작할지도 모르겠다. 당연히 분명한 이유가 있다. 사실 네슬레는 돈벌이만 되면 아무 기업이나 이유를 묻지도 따지지도 않고 일단 인수하고 보는 회사가 절대 아니다. 네슬레가 어떤 회사인가? 스위스에 본사를 두고 있는 세계 최대의 식품 회사가 네슬레이다. 커피에 관심을 갖고 있다면 세계에서 최초로 인스턴트커피를 내놓은 회사가 네슬레라는 사실쯤은 익히 알 것이다.

Q. 전 세계적으로 네스카페 브랜드의 커피는 얼마나 소비되고 있을까?

A 1초에 5,500잔

1초에 5,500잔이라면 1시간에 1,980만 잔이다. 하루를 기준으로 계산해 보면 4억 7,520만 잔이 소비되는 셈이다. 실로 깜짝 놀랄 만한 판매량이 아닌가. 대한민국 직장인 중에 네스카페 수프리모 한잔을 달달하게 마셔 본 경험이 없는 사람이 과연 몇 명이나 될까?

캡슐커피인 네스프레소도 우리에게 친숙한 브랜드이다. 네스프레소 역시 네슬레의 브랜드이다. 네스카페 캔커피는 어떤가? 이것만이 아니다. 에스프레소를 간편하게 즐기게 만든 돌체구스토에 더해 카페 네스카페까지 다양한 형태로 소비자를 만족시키는 회사가 네슬레이다.

네스카페 수프리모

네스프레소(Beverly Hills)

네스프레소는 캡슐커피 신드롬을 일으키는 중이다. 커피에 열광하는 마니아들이 좀 더 편리하게 머신에서 추출한 커피를 맛보도록 도와주고 있다.

네슬레는 굳이 블루보틀을 인수하지 않아도 이미 세계적인 경쟁력을 확보하고 있는 글로벌 기업이다. 반면 블루보틀은 네슬레 커피와는 정확히 대척점에 있는 커피라고 해도 과언이 아닐 정도로 차이가 많다. 어찌 보면 전혀 어울리지 않는 두 회사의 만남으로 보인다. 그러나 찬찬히 들여다보면 적어도 네슬레 입장에서는 매우 전략적이고 합리적 선택이었다고 보는 편이 타당하다. 블루보틀 커피에 담긴 커피 정신과 맛에 매료되거나 블루보틀의 분위기 자체를 사랑하는 고객들은 비록 동의하기 어려울지라도 말이다.

블루보틀이 태어난 도시, 오클랜드

미국에 어떤 도시가 있다. 꽤 유명한 도시다. 사실은 좋은 의미가 아니라 나쁜 의미에서 상당히 유명하다. 2014년 CNN은 이 도시를 '미국에서 가장 위험한 도시 4위'로 선정한 바 있다. 길거리를 걸어 다니다 자칫 강도를 당하기 쉬워 대부분 차량을 이용한다. 일부 지역은 밤에 총기 사건이 빈번하게 발생하고 있어 차를 타고 이동해도 위험한 도시이다. 오죽했으면 한 언론사에서 아래와 같은 기사를 다룬 적이 있다.

이미 2년여 시간이 흘렀으니 그간 많이 바뀌었을 수도 있다. 하지만 어떤 도시의 안전 문제가 어느 한순간 손바닥 뒤집듯

위험한 도시

혼자서 맞는 낯선 도시의 밤, 많은 여행자의 로망이지만 현실은 무참하리만치 가혹할 수가 있다. 적어도 아래에 열거하는 도시에서는 그렇다. 납치, 살인, 폭행, 강도 등 강력 범죄가 이방인을 호시탐탐 노린다. 이코노미스트지가 혼자선 절대로 가지 말아야 될 도시를 꼽았다.

(중략)

방화·강도·살인·절도·성범죄·마약 범죄가 빈발하고 총격은 최근 들어 점점 더 위험한 양상을 보이고 있다. 절대로 혼자서 걸어선 안 될 곳이다.

자료 미주 〈중앙일보〉, 2016년 6월 1일

바뀌기란 불가능에 가깝지 않을까? 2018년에도 여전히 밤에 마음 편하게 어디든 가도 되는 낭만적인 도시는 아니다. 과연 이 도시는 어디일까? 답은 캘리포니아의 오클랜드이다.

오클랜드는 캘리포니아주 서부, 샌프란시스코만 동쪽 연안에 자리 잡고 있는 도시다. UC 버클리 대학교가 있는 소도시 버클리와 가까운 도시지만 분위기는 매우 다르다. 버클리는 도시 자체가 작고 예쁜 도시다. 치안이라는 측면에서도 오클랜드와는 비교가 안 될 만큼 안전하다. 물론 버클리에서도 밤늦게 돌아다니면 위험하기는 하지만.

오클랜드는 시를 가로지르는 고속 도로를 기준으로 이른바 부자 동네와 가난한 동네로 구분된다. 부자 동네는 샌프란시스코

오클랜드 전경

베이 에어리어를 조망할 수 있는 높은 곳인 산등성이 쪽에 위치한다. 가난한 동네는 고속 도로 건너 상대적으로 낮은 곳에 있다.

사실 오클랜드는 새로운 비즈니스를 시작할 용기를 선뜻 낼 만한 도시는 아니라고 봐도 전혀 어색하지 않다. 가장 중요한 안전 문제가 불확실하기 때문이다. 그런데도 블루보틀은 오클랜드를 선택해 첫 점포를 입점했다. 이유는 무엇일까?

특유의 어두운 면에도 불구하고 오클랜드는 역사적인 자취, 아름다운 풍광, 다양한 음식과 와인을 즐길 수 있는 도시라는 장점이 있다. 젊은이들을 오클랜드로 끌어들이는 장점이기도 하다. 젊은이들이 많이 모일수록 더욱 역동적인 도시가 된다. 오클랜드는 갈수록 역동적인 도시로 거듭나고 있다. 바로 이런 특징이 블루보틀로 하여금 오클랜드를 선택한 이유가 아닐까?

제임스 프리먼은 현실적인 이유, 즉 금전적인 여유가 충분하지 않아서 상대적으로 임대료가 저렴한 오클랜드를 선택할 수밖에 없었다고 말한다. 그것만이 오클랜드를 선택한 가장 중요한 이유는 아니었을 것이다. 임대료가 부담스러워 성공을 확신하기 어려웠다면 그냥 창업을 하지 않으면 그만이다.

제임스 프리먼이 블루보틀의 첫 점포를 오클랜드 헤이즈 밸리 지역에 있는 건물 창고에 간이 매장 형태로 개점한 것은 어쩌면 신의 한 수가 아니었을까. 그는 훗날 블루보틀의 역사를 시작했던 곳을 가리켜 '지린내 풍기는 뒷골목 구석에 있는 매장'이라고 표현하기까지 했다. 동시에 그는 입지 조건만 따졌다면 그곳에 창업하지 않았을 것이라고 했다.

입지 조건만으로는 창업을 따질 수 없는 곳이었던 블루보틀 1호점. 안전 문제로 선뜻 용기를 내기 어려운 오클랜드. 뭔가 절묘하게 궁합이 어우러진다는 생각이 들지 않는가.

블루보틀의 첫 매장에서 제임스 프리먼은 라테에 그림을 그리고, 컵 크기를 통일하고, 향을 내는 첨가물을 사용하지 않고, 단 여섯 가지의 메뉴만을 판매하는 등 당시까지만 해도 스타벅스나 여타 커피 전문점들이 시도하지 않던 운영을 시작했다. 이와 같은 시도는 어쩌면 오클랜드라는 도시 자체가 갖고 있는 특징 때문에 가능하지 않았을까 싶다.

어떤 도시에서 출발했느냐에 따라 기업 문화에 큰 영향을 미치게 된다. 오클랜드의 다양성과 함께 다른 도시와는 다른 부정적 특징을 긍정적인 모험과 도전으로 승화시키는 데 성공함으로써 오늘날의 블루보틀이 되었다는 생각을 해본다.

디테일에 충실한 블루보틀

블루보틀의 본사는 어디에 있을까? 이 질문에 "잘 모르겠다"는 대답이 나와야 정상이다. 정확하게 '476 9th St. Oakland'라고 대답하는 사람이 오히려 더 이상하지 않을까? 애플이나 삼성의 본사가 어디에 있는지 정확히 아는 사람이 과연 몇 명이나 될까? 모르긴 몰라도 극소수에 불과할 것이다. 더구나 블루보틀은 아직 애플이나 삼성, 맥도널드, IBM처럼 어마어마한 수준의 다국적 기업이 아니다. 아직까지는 커피를 사랑하고 즐기는 마니아층에서 크게 선호되는 브랜드라고 보는 편이 적절하다. 그러니 본점은커녕 가까운 매장이 어디에 있는지 몰라도 전혀 어색하지 않다.

블루보틀의 역사적인 첫걸음은 2002년 캘리포니아주에 있는 작은 도시 오클랜드에서 시작되었다. 오클랜드는 샌프란시스코만에 위치하고 있어 풍광이 좋은 도시로 알려져 있지만 작은 도시다. 만약 제임스 프리먼이 처음부터 글로벌 기업을 목표로 하는 야심 찬 계획을 가졌다면 분명 오클랜드를 첫 번째 매장을 낼 장소로 선택하지는 않았을 것이다. 그는 입지 측면에서의 약점 요인을 오히려 강점으로 변화시켰다. 자신들만의 경영 철학을 유지하면서 천천히, 그러면서도 확실하게 글로벌 브랜드로 발전해 나가고 있다.

자료 www.flickr.com

블루보틀 본사

핸드 드립 커피가 만들어지는 모습

그렇다면 블루보틀의 경영 철학은 무엇일까? 매우 디테일함이다. 블루보틀은 커피와 관련된 것이라면 철저할 정도로 섬세하다. 얼마나 디테일에 충실한 회사인지는 블루보틀의 바리스타를 통해 들어보자.

핸드 드립을 위한 준비물

좋은 물
드립 포트
저울(그램 단위로 계량)
커피 원두
원두 그라인더
온도계
드리퍼(세라믹 드리퍼 추천)
컵
필터(양마, 대나무 소재 필터 추천)

바리스타 핸드 드립에서는 매우 중요하지만 지루할 수도 있는 이야기를 먼저 해 드립니다. 핸드 드립을 통해 얼마나 맛있고 풍미 있는 커피를 내리느냐는 크게 4가지 요소에 의해 결정됩니다. 추출 비율, 물의 온도, 추출 속도, 분쇄된 원두 입자의 크기입니다. 물론 그전에 좋은 원두, 숙련된 로스팅 등이 전제되어야 하죠. 더불어 핸드 드립에 적합한 그라인더로 섬세하게 원두를 분쇄해야 함은 두말할 필요도 없습니다.

핸드 드립 커피는 매우 섬세하게 커피 본연의 맛을 즐기는 방식이다. 게다가 블루보틀은 싱글 오리진으로 핸드 드립을 한다. 추출 비율을 어떻게 하느냐, 물의 온도는 얼마나 되느냐, 추출 속도를 어느 정도로 유지하느냐, 그라인더로 분쇄된 커피 원두의 크기는 얼마나 되느냐에 따라 커피 맛이 크게 달라질 수밖에 없다.

이런 조건이라면 매장에서 고객들에게 늘 맛있는 커피를 제공하기 어려울 것이다. 그럼에도 블루보틀은 어려운 난관들을 극복하고 언제나 맛있고 풍미가 뛰어난 커피를 고객들에게 제공한다. 그래서 전 세계의 커피 마니아들에게 극찬을 받는다. 비결은 바로 디테일함이다. 필자는 블루보틀을 가리켜 커피 업계의 진정한 디테일 대마왕이라고 부른다.

계속해서 블루보틀의 바리스타가 들려주는 핸드 드립 이야기를 들어 보자. 블루보틀의 디테일함이 얼마나 촘촘한 부분에까지 이르고 있는지 알게 된다.

핸드 드립을 하는 바리스타

바리스타 여러분들이 좋은 커피 원두를 선택했음을 믿고 저는 이제 맛있고 향미가 풍부한 커피를 어떻게 내려 마실 수 있는지 설명하겠습니다. 먼저 핸드 드립을 위한 준비물이 필요하죠. 그램 단위로 계량이 가능한 저울, 온도계, 드립 포트, 드리퍼, 필터 등은 기본적으로 필요하겠죠?

청중 네.

바리스타 우선 추출하기에 앞서 커피와 물을 어느 정도 비율로 맞춰야 좋은지를 결정해야 합니다. 사실 추출 비율에 정답은 없다고 하겠지만, 저희는 나름의 기준을 갖고 있습니다. 그렇다고 저희 기준을 무조건 따라야 하는 것은 절대 아닙니다.

청중 알겠습니다.

바리스타 머그잔 용량에 맞춰 물을 적당량 준비합니다. 보통 머그잔이 300*ml*고 물 1*ml*는 1g입니다. 저울에 추출 기구를 올려놓고 정확히 무게를 맞춰 가면서 추출을 합니다. 가능하면 추출 시간을 재는 스톱워치가 있으면 좋겠죠? 추출 시간을 확인할 수 있으니까요. 그럼 물의 양은 얼마면 될까요? 300*ml*일까요? 아닙니다. 그 2배를 준비해 주세요. 남은 물로 드리퍼와 잔을 데워야 하죠.

다음으로 추출 비율인데요. 10:1~15:1 사이에서 결정하세요. 가령 10:1의 추출 비율을 원하신다면 물 300*ml*에 커피 원두는 30g이 되죠. 이때 원두 입자는 손으로 집으면 뭉쳐질 정도로 곱게 분쇄하세요.

준비가 끝나면 물을 끓이세요. 물이 끓으면 불을 끄고 물을 드립 포트에 넣어 온도가 85~96℃가 될 때까지 기다리세요. 남은 물로는 세라믹 드리퍼와 컵을 데웁니다. 드리퍼에 필터를 끼우고 곱게 분쇄한 원두가 완만한 언덕처럼 쌓이도록 드리퍼에 부어 줍니다.

이제 남은 과정은 추출입니다. 추출에서 특히 주의할 사항이 있습니다. 필터 가장자리에 물이 묻지 않도록 하면서,

원두 가루가 쌓인 중앙에서 바깥쪽을 향해 시계 방향으로 원을 그리면서 천천히 물을 부어 주는 것이죠.

커피는 물을 머금으면 보통 부피가 2배 늘어납니다. 분쇄된 커피 원두 30g을 드리퍼에 담았다면, 처음 저울로 측정한 무게에서 드리퍼를 제외한 실제 커피 원두의 무게가 60g이 되도록 물을 부어 주면 됩니다. 이때 물을 머금은 커피 혼합물의 높이는 드리퍼의 2/3 수준에서 일정하게 유지해야 합니다.

마지막으로 추출 속도는 1초에 1~2*ml* 정도를 목표로 하시면 됩니다. 1테이블스푼이 15*ml*니까 7~15초에 1테이블스푼의 양을 추출하면 되죠. 마지막으로 중요한 포인트는 필터에 부은 물이 컵으로 모두 빠져나올 때까지 기다리지 말고 그 전에 드리퍼를 빼야 한다는 점입니다. 더 좋은 커피를 마시기 원한다면 말이죠.

과연 어떤 매장에서 모든 직원들이 블루보틀의 바리스타들처럼 디테일한 추출 원칙을 충실히 지켜 가면서 커피를 추출할 수 있을까? 필자는 확신한다. 디테일에 충실한 경영 철학이 오늘날의 블루보틀을 만들었으며, 미래에도 더욱 강력한 브랜드로 발전해 나갈 훌륭한 동력이 될 것이다.

BLUE BOTTLE COFFEE

블루보틀은 왜 네슬레를 선택했을까?

블루보틀이 네슬레에 지분 68%를 매각했다는 소식은 적어도 커피 마니아들에게는 깜짝 놀랄 만한 소식이었다. 성격 자체가 너무 다른 회사 간의 거래였다. 기업이 인수·합병 같은 중요한 의사 결정을 했다면 분명한 이유가 있기 마련이다. 어쩌면 그래서 블루보틀 마니아들이 더욱 궁금해했는지도 모른다. 블루보틀은 왜 하필이면 네슬레를 선택했을까?

블루보틀이 굳이 네슬레에 지분을 매각한 이유는 안타깝게도 창업자인 제임스 프리먼 외에는 누구도 정확히 모른다. 대신 나름의 이유를 추론해 볼 수는 있다. 블루보틀이 네슬레를

자료 TD경영연구원, www.flickr.com

블루보틀 커피와 네슬레 캔커피

선택한 이유를 몇 가지 관점에서 추론해 보면 다음과 같다.

첫째, 커피 산업의 변화를 선도하려는 욕구이다. 제1의 물결 이후 제2의 물결을 거쳐 제3의 물결에 다다른 현재 커피 산업은 큰 변화의 한복판에 놓여 있는 실정이다. 이러한 변화의 흐름에 능동적으로 대응해 나가기 위한 동력을 확충할 필요가 있다.

둘째, 블루보틀 브랜드의 세계화이다. 커피 업계에 강력하게 제3의 물결이 불어닥치고 있지만, 아직 선도해 나가는 다국적 기업은 존재하지 않는다. 네슬레의 세계적 네트워크를 활용한다면 '제2의 물결' 속에서 스타벅스가 그랬던 것처럼 '제3의 물결' 속에서 글로벌 강자로 우뚝 솟을 기회이다.

셋째, 강력한 자금력이다. 아무리 트렌드를 선도하고 소비자들로부터 강력한 지지를 받는 브랜드라도 충분한 자금력이 뒷받침되지 못하면 일정 수준 이상으로 성장하기에는 분명한 한계가 있다. 이런 점에서 네슬레는 블루보틀에게 가장 적절한 조력자가 될 수 있다.

넷째, 다양한 제품 이미지 구축에 따른 시너지 효과이다. 주지하다시피 블루보틀은 프리미엄 커피라는 강력한 이미지를 구축하고 있고, 네슬레는 인스턴트커피라는 편안하고 서민적인 이미지를 구축하고 있다. 두 회사가 서로 구축하고 있는 이미지를 효과적으로 활용한다면 상당한 시너지 효과가 기대된다.

위 4가지 요인들은 가장 중요한 고려 사항이 아닐 수도 있다. 하지만 블루보틀이 네슬레에게 기대하는 부분인 것만은 분명하다. 필자는 블루보틀이 네슬레를 선택한 이유를 위 4가지에서 찾아야 한다고 본다.

네슬레는 왜 블루보틀을 선택했을까?

네슬레는 왜 블루보틀을 선택했을까? 블루보틀이 네슬레에 지배 지분을 매각한 분명한 이유가 있다면 네슬레가 블루보틀의 지배 지분을 인수한 분명한 이유도 있을 것이다. 아니, 분명히 이유가 있음에 틀림없다. 세계 최대의 식품 기업이 매장이 불과 50여 개에 불과한 커피 회사를 4억 2,500만 달러라는 막대한 금액을 들여 인수했으니까 말이다.

과연 무엇이 네슬레로 하여금 블루보틀의 지배 지분을 인수하도록 했을까? 답을 위해서는 네슬레라는 회사를 사람들이 어떻게 인식하고 있는지를 파악하는 과정이 필요하다. 다음은

다양한 네슬레 제품들

필자가 커피를 판매하는 회사로서 네슬레에 대해 떠올리는 지극히 개인적인 생각이나 느낌들이다. 물론 필자와 다른 생각을 하는 사람들도 많다. 필자의 생각이 보편적이라고 우길 마음은 전혀 없다. 다만 필자와 비슷한 생각을 하는 사람들도 적지는 않을 것이다.

박 네슬레라는 브랜드를 접하면 어떤 생각이 떠오르시나요?

김 글쎄요. 하도 여러 가지 생각이 떠올라서요.

박 그러신가요? 그래도 요약해서 말씀해 주시겠어요?

김 네슬레라면 세계 최고의 식품 업체? 글로벌 기업? 뭐, 이 정도로 대답이 될까요?

박 아닌 것 아시죠? 그럼 네슬레가 취급하는 제품군 중에서 책의 주제와 직접 연결되는 커피 분야로 범위를 좁혀 보죠. 네슬레라는 커피 브랜드를 접하면 떠오르는 생각이나 느낌은 무엇인가요?

김 모든 것을 갖추고 있는 브랜드 같아요. 좀 더 정확하게 표현하자면 모든 것이 있는 브랜드라는 생각을 하도록 만드는 브랜드라고 하는 편이 적당하겠군요.

박 모든 것이 있는 브랜드라고 생각하는 브랜드라고요? 어떤 의미에서 그런가요?

김 네슬레가 판매하는 제품군이 그런 생각을 갖도록 합니다. 우선 달달함의 대명사이면서도 저렴하게 즐기는 커피믹스가 있습니다. 다음으로 더울 때나 추울 때 특히 생각나는 캔커피도 있죠. 뿐만 아니라 에스프레소를 즐기는 캡슐커피까지 판매합니다. 진짜 없는 것이 없을 정도로 다양한 커피 아이템을 취급하는 셈입니다. 왜 네슬레를 가리켜 세계 최대의 글로벌 식품 업체라고 지칭하는지를 여실히 보여 주죠.

박 질문 하나 해도 될까요?

김 그러시죠.

박 그렇게 엄청난 네슬레가 왜 블루보틀의 지배 지분을 인수했을까요?

김 성급하기도 하셔라. 이어서 그 이야기를 하려고 했습니다.

박 그럼 계속 말씀해 주시죠.

김 없는 것 없이 모든 것을 갖추었다는 생각이 들지만 종종 '아, 살 것이 없다'라는 생각이 들게 하는 브랜드도 네슬레입니다. 저의 경우는 그렇습니다.

박 없는 것 없이 모든 것을 갖춘 브랜드인데 살 것이 없다는 생각도 들게 하는 브랜드가 네슬레라고요? 모순 아닌가요? 어떤 점에서 그런 생각이 드시는지요?

김 특별한 커피를 마시고 싶을 때 특히 그렇습니다.

박 특별한 커피라고요? 그건 뭐죠?

김 제2의 물결로 보면 스타벅스에는 있지만 인스턴트커피나 캡슐커피에는 없는 느낌이라고 할까요? 제3의 물결로 보면 브루잉커피에는 있지만 인스턴트커피나 캡슐커피는 물론 스타벅스에도 없는 느낌이라고 하면 이해되시나요?

박 어렴풋이 감은 잡히는데요. 조금만 더 자세히 설명해 주시면 좋겠습니다.

김 분위기, 맛, 풍미 세 가지가 하나가 되는 느낌이죠. 다시 말해 프리미엄이라는 이미지입니다.

박 아, 네슬레 커피에 부족한 것이 바로 프리미엄이라는 이미지라는 말씀이군요?

김 그렇습니다.

박 이제야 분명하게 이해가 되는군요.

커피 분야에서 네슬레의 가장 큰 취약점은 프리미엄 커피 이미지의 부재였다. 제3의 물결에서는 프리미엄 커피(스페셜티 커피)가 대세가 될 수밖에 없다. 네슬레라는 세계 최대의 식품 기업이 이 시장을 선점하기 위한 움직임을 구체화시킨 것이 블루보틀의 지배 지분 인수였던 것이다.

블루보틀의 지향점은 어디인가?

블루보틀은 어떤 곳을 향해 나아갈까? 네슬레가 인수한 이후 블루보틀의 방향성에 대한 궁금증이 증폭되고 있다. 다행히 블루보틀의 지향점이 과연 어떤 곳이 될지는 블루보틀과 네슬레의 보도 자료, 인터뷰 자료 등을 종합해 보면 어느 정도 감이 잡힌다. 먼저 블루보틀의 CEO인 브라이언 미한의 언급을 살펴보자.

"블루보틀 CEO의 목표는 지속 가능한 미래를 확보하는 것입니다. 이번 블루보틀의 지분 매각 역시 마찬가지입니다. 스페셜티 커피 업계에서 글로벌 리더가 되기 위해 네슬레와 함께 노력해 나가겠습니다.

너무 많은 기업들이 상품을 바꾸고 마진을 늘리는 지름길을 택하는 잘못을 저지르고 있습니다. 블루보틀을 사랑하는 많은 분들이 '혹시 블루보틀도 자신들만의 고유한 정체성을 잃어버리지는 않을까' 하는 걱정을 하고 있다는 것도 잘 알고 있습니다. 모든 사업이 그렇듯 사람들이 블루보틀을 어떻게 생각할지를 걱정하면서 경영할 수는 없습니다. 경영자로서 제 자신을 믿고 기업을 경영해야 한다고 생각합니다. 고객들은 아직 블루보틀의 미래가 어떻게 될지 모릅니다. 그러나 저는 블루보틀의 미래가 어떨지 알고 있습니다."

자료 www.flickr.com

블루보틀 CEO 브라이언 미한

다음으로 네슬레의 CEO인 마크 슈나이더와 마케팅 담당 이사인 패트리스 불라의 언급을 살펴보자. 먼저 마크 슈나이더의 말이다.

"네슬레는 빠른 성장을 보이는 분야에 투자하고 소비자의 요구 변화에 맞추는 것에 초점을 맞추고 있습니다. 이번 블루보틀 인수도 같은 이유입니다."

패트리스 불라는 다음처럼 말했다.

"블루 보틀 인수는 우리가 갖지 못한 조직과 경험에 투자하는 것입니다. 우리 회사의 조직 문화의 근본은 권한 위임입니다. 블루보틀 역시 우리의 조직 문화와 조화를 이룰 것이라고 생각합니다."

두 회사의 CEO와 고위 임원이 언급한 내용을 살펴보면 어떤 형태가 되었든 적극적인 해외 시장 개척에 나설 것으로 예상된다. 그렇지 않았다면 네슬레와 블루보틀이 결합할 이유가 없기 때문이다.

네슬레가 블루보틀을 인수했다고는 하지만 당장 블루보틀

의 정체성이 사라지는 우를 범하지는 않을 것이다. 블루보틀이 네슬레 산하의 독립 기업으로 운영된다는 점, 창업자인 제임스 프리먼과 현 CEO인 브라이언 미한이 계속해서 블루보틀에 남은 점 등을 통해 잘 드러난다.

네슬레는 세계 최대의 식품 기업이다. 창업 이후 세계 최대의 식품 기업으로 발돋움한 지위를 지금까지 지켜 온 글로벌 기업이다. 그 과정에서 수없이 많은 기업들과 경쟁하고 협력하고 때로는 인수·합병을 하면서 오늘날의 지위를 유지하고 있다. 누구보다 지속 가능한 발전에 능숙한 기업이라는 뜻이다.

블루보틀을 또 다른 네슬레로 만들기보다는 자신들이 보유하지 못한 약점을 강화하고 새로운 시장을 개척하기 위한 첨병 역할을 부여할 것이다. 이런 점에서 네슬레 산하의 독립 기업으로서 블루보틀의 지향점은 크게 2가지가 될 것이다.

첫 번째로 제3의 물결을 선도하는 스페셜티 커피에 보다 집중하는 것이다. 네슬레가 지금까지 성공하지 못한 영역이기도 하다. 두 번째는 해외 시장 개척에 박차를 가하는 한편 커피 산업계에 불어닥친 제3의 물결 속에서 확실한 선도 기업으로 자리 잡는 것이다. 블루보틀이 그동안 성취하지 못한 목표이다. 과연 블루보틀이 두 지향점을 어떻게 계획하고 실행하면서 성취해 나갈지 매우 흥미로울 전망이다.

블루보틀이 주목할 제품 영역은 무엇일까?

블루보틀이 취급하는 커피 음료는 스타벅스나 커피빈, 엔제리너스, 탐앤탐스, 투썸플레이스, 이디야 등 여타 커피 프랜차이즈들에 비해 종류가 적다. 처음 블루보틀이 시작되었을 당시보다는 제공하는 음료의 종류가 다양해지기는 했다. 그러나 여전히 여타 커피 프랜차이즈들 보다 적은 것이 사실이다.

오클랜드의 W.C. Morse Cafe에서 취급하는 음료를 예로 들면 드립 커피와 아이스커피, 에스프레소, 마키아토, 카푸치노, 카페 라테, 카페 모카, 아포카토, 핫 초콜릿, 티가 전부이다. 메뉴 종류가 많지 않다 보니 메뉴판도 심플하고 감각적이라는 느낌이 든다. 반면 글로벌 커피 강자인 스타벅스는 메뉴 종류가 블루보틀보다 훨씬 다양하다.

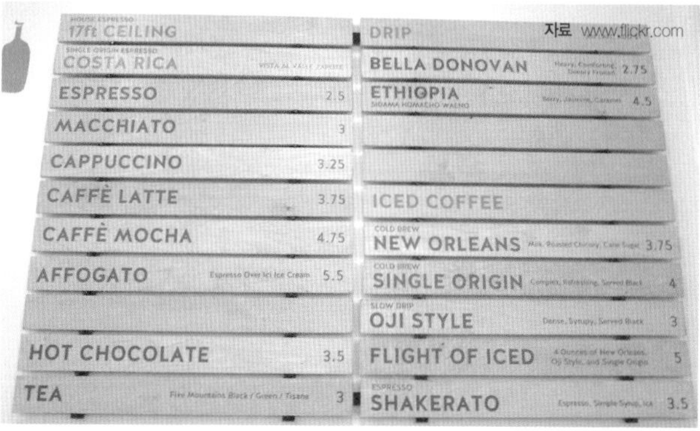

블루보틀 W.C. Morse Cafe 메뉴

스타벅스 메뉴

현대 소비자들의 다양한 기호와 입맛에 맞추려는 스타벅스의 노력에 잘 부합하는 메뉴이다. 블루보틀은 다양한 제품을 제공하고자 노력하는 스타벅스의 선택과는 정반대의 길을 걷고 있다.

블루보틀은 앞으로도 스타벅스와는 차별화된 방식으로 성장하는 방식을 고수해 나갈까? 높은 품질을 유지하면서 한정된 종류만으로 승부하는 방식을 유지할까? 더불어 스타벅스와 블루보틀은 자신들이 강점을 갖고 있는 서로 다른 부분에 초점을 맞추면서 경쟁하게 될까? 아마도 그렇지는 않을 것이다. 단기적인 관점에서 보면 큰 변화가 나타날 가능성은 높지 않다. 다만 장기적인 관점에서는 지금까지와 전혀 다른 양상이 될 것이 분명하다.

우선 블루보틀은 커피 시장에서 네슬레를 활용할 분야부터 차근차근 점유율을 높여 나가리라 예상된다. 첫째로 네슬레의 글로벌 유통망을 활용할 수 있고, 둘째로 네슬레가 시장에서 이미 일정 수준 이상의 입지를 다지고 있는 제품 영역이면서, 셋째로 블루보틀도 이미 어느 정도 경험을 축적한 제품군 등의 조건을 충족한 시장을 본격 공략해 나갈 것으로 보인다. 물론 이런 요건을 충족하는 시장은 스타벅스와 경쟁을 피할 수 없는 시장이기도 하다.

자료 TD경영연구원, www.latimes.com

스타벅스 RTD 제품과 블루보틀 RTD 콜드브루 제품

그렇다면 과연 어떤 제품을 다루는 시장이 될까? 바로 RTDReady To Drink, 즉 병이나 캔에 담긴 제품 시장이다. RTD 제품이야말로 네슬레의 글로벌 유통망을 최고로 활용할 만한 제품이다. 아울러 네슬레가 튼튼하게 입지를 구축한 시장이기도 하다. 블루보틀 역시 이미 콜드브루 등은 자체적으로 제품을 만들어 판매하고 있다. 어느 정도 경험을 축적하고 있다는 뜻이다.

머지않아 우리나라에서도 블루보틀의 콜드브루와 스타벅스의 콜드브루가 소비자의 선택을 받기 위해 각축전을 벌일 것이다. 과연 블루보틀이 내놓는 RTD 커피는 어떤 맛일까? 소비자들은 블루보틀 RTD를 어떻게 받아들일까? 블루보틀을 맛보는 다양한 방법 중 하나로 볼까? 블루보틀답게 맛과 풍미를 자랑하는 맛있는 커피일까? 아니면 정체성을 잃고 상업성에 치우친 제품이 될까?

벌써부터 소비자들의 선택이 궁금해진다. 어서 오라! 블루보틀 RTD 제품들이여!

스타벅스는 왜 긴장해야 하는가?

지금 시대를 대표하는 커피 회사! 전 세계 커피 브랜드의 대표 주자! 이런 표현에 가장 잘 어울리는 커피 회사는 누가 뭐라고 해도 단연 스타벅스이다. 그만큼 세계인들의 스타벅스 사랑은 유별나다.

자료 BSI경영연구원, www.flickr.com

세계 속의 스타벅스 매장

국내 스타벅스 매장에 들르면 항상 손님들로 북적이는 모습을 본다. 매장이야 그렇다 쳐도 길을 걷거나 버스, 지하철 등 교통수단을 이용해 이동하거나 도서관에서 공부를 할 때도 스타벅스 보틀이나 커피가 보이는 경우가 다반사이다. 심지어 스타벅스 보틀에 담긴 내용물이 정작 스타벅스 커피가 아닌 인스턴트커피나 물인 경우도 있다. 그만큼 스타벅스 자체에 열광한다는 방증이다.

오죽했으면 커피를 마시기 위함이 아니라 스타벅스를 즐기기 위해 간다는 말까지 있다. 특히 20~30 젊은 세대들은 더 그렇다. 매해 연말이면 뜨거운 화제를 모으곤 하는 다이어리 증정 프로모션은 젊은 세대들의 스타벅스 사랑이 얼마나 뜨거운지를 단적으로 보여 준다. 2018년 스타벅스 다이어리 프로모션은 '토피 넛 크런치 라테·프라푸치노', '발렌시아 오렌지 티 라테', '베리 트윙클 모카' 등 크리스마스 시즌 음료 3잔을 포함해 총 17잔의 음료를 구매하고 e-스티커를 모아 e-프리퀀시를 완성하면 연분홍색, 노란색 등 5종류의 다이어리를 증정했다. 물론 3만 2,500원에 유료 구매도 가능했다.

특정 색상은 조기 품절되면서 웃돈을 주고 구매하기까지 했다. 이를 두고 한정판을 앞세워 소비자를 자극하는 얄팍한 상술이라는 비판이 2017년에도 있었다. 아마도 스타벅스 다이어리

스타벅스 2018 다이어리

프로모션이 존속하는 한 매년 같은 비판을 받을 것이다. 그런데도 소비자들은 매년 비판받는 문제의 다이어리를 받기 위해 기꺼이 돈을 지출하러 스타벅스로 향한다. 왜 그럴까?

얄팍한 상술이라는 비판을 뛰어넘는 '예쁘고 실용성까지 겸비했다'는 장점 때문일까? 아니라고 할 수는 없지만 전부는 아니다. 굳이 스타벅스 다이어리가 아니더라도 훨씬 저렴하고 예쁜 다이어리가 얼마나 많은지 생각해 보면 더더욱 그렇다. 스타벅스 다이어리에 소비자들이 열광하는 진짜 중요한 이유는 무엇일까? 바로 스타벅스라는 브랜드에서 떠오르는 이미지다. 스타벅스 보틀에 인스턴트커피나 물을 담아 마시는 이유와 비슷하다.

이처럼 소비자들에게 강력한 팬덤을 구축한 스타벅스가 최근 부쩍 긴장하는 눈치다. 블루보틀 때문이다. 좀 더 엄밀히 말하면 블루보틀이 대표하는 '제3의 커피 물결'에 긴장하는 것이다. 스타벅스는 제2의 물결 속에서 글로벌 기업으로 발돋움해 왔다. 스타벅스 회장인 하워드 슐츠도 정확히 인지하고 있는 사실이다. 향후 제3의 물결에 적절히 대응하지 못하면 자신들처럼 글로벌 기업으로 발돋움할 강력한 경쟁 상대와 맞닥뜨려야 할지도 모른다는 위기의식을 갖고 있다. 이런 시점에 네슬레라는 글로벌 기업이 블루보틀을 인수했다. 그러니 스타벅스가 긴장하는 것은 당연한 수순이다.

커피 산업에 밀물처럼 밀려드는 제3의 물결은 얼마나 강력할까? 블루보틀과 스타벅스의 본고장인 미국의 사례를 보자. 미국 내 전체 커피 소비에서 스페셜티 커피 브랜드가 차지하는 비중이 무려 15~20%로 나타나고 있다. 미국 스페셜티커피협회의 주장이라 충분히 설득력이 있다.

스페셜티 커피 브랜드를 소비하는 세대는 밀레니얼millennials 세대인 젊은이들이다. 밀레니얼 세대들의 15%는 카페에서 주로 커피를 마시고, 그중 32%는 에스프레소로 만든 음료를 즐긴다고 나타났다. 역시 미국 커피협회의 설문 조사 결과이다.

이 부분에서 스타벅스가 긴장하는 이유를 읽을 수 있다. 스타벅스 회장인 하워드 슐츠는 2008년부터 제3의 물결에 대응하기 위한 방안을 고민해 왔다. 2014년 시애틀의 '로스터리 앤드 테이스팅룸', 2017년 12월 사상 최대 규모를 자랑하는 '스타벅스 상하이 리저브 로스터리'를 론칭한 데 이어 2019년까지 도쿄, 밀라노, 뉴욕, 시카고 등에 초대형 로스터리 매장을 내겠다는 야심 찬 계획을 발표한 것이 바로 고민의 산물이었다.

국내에서도 2017년 12월 종로구 종로타워에 '스타벅스 더종로'를 오픈한 바 있다. 스타벅스 더종로는 2개 층 1097.55㎡의 면적을 자랑하고 있다. 다른 국내 스타벅스 매장에 비해 압도적인 규모다. 이곳에는 특화 매장들인 커피 포워드와 티바나 인스파이어드 매장이 한곳에 위치하고 있다. 커피 포워드 매장은 다양한 방식으로 스타벅스의 스페셜 원두인 '리저브 원두'를 맛볼 수 있는 프리미엄 매장(국내 12곳)이고, 티바나 인스파이어드는 차 음료를 전문적으로 판매하는 매장(국내 3곳)이다.

스타벅스 더종로에는 제3의 물결에 대응해 나가기 위한 노력이 담겨 있다. 이곳에는 커피가 만들어지는 과정을 고객이 직접 보는 것은 물론 설명도 듣는 대형 바를 설치했다. 리저브 커피용 원두를 비교 체험하는 프로그램도 운영한다. 모두 제3의 물결에서 강조되는 부분과 정확히 일치하는 것이다.

자료 www.flickr.com

스타벅스 리저브 로스터리

스타벅스의 리저브 로스터리도 블루보틀로 대표되는 제3의 물결에 대처해 나가기 위한 고민의 결과이자 전략적 선택이다. 실제로 리저브 로스터리는 여러 가지 점에서 블루보틀의 강점 요인들이 녹아 있다. 다양한 추출 방법에 따른 커피를 맛볼 수 있으며, 소비자들에게 원두에서 커피가 추출되는 과정을 세심하게 보여 주려는 시도들이 담겨 있다.

어찌 보면 스타벅스의 적극적인 변화는 블루보틀에 대한 위기의식에서 비롯되었다기보다, 제2의 물결에서 제3의 물결로 변화하는 커피 산업의 시대적 흐름을 따라잡고 선도해 가기 위함이다. 분명 스타벅스는 커피 산업계의 글로벌 강자이다. 세계 커피 시장은 여전히 제2의 물결 아래 놓여 있다. 따라서 산업 변화에 대응해 나가려는 스타벅스의 적극적인 노력은 시장에서 충분히 보상받을 가능성이 높다. 그 보상은 성장과 점유율이라는 경영 성과로 나타날 것이다.

다만 제2의 물결에서 스타벅스가 글로벌 강자로 우뚝 솟았을 때와는 사뭇 다른 결과를 얻을 가능성이 높다. 어차피 스타벅스나 블루보틀로 대표되는 제3의 물결에서의 커피 회사들 모두 제2의 물결과는 전혀 다른 새로운 시장과 직면한다는 점은 매한가지이다. 게다가 스타벅스의 상대는 글로벌 유통망과 자금력을 두루 갖춘 세계 최고의 식품 회사인 네슬레를 등에 업은

자료 블루보틀 인스타그램, TD경영연구원

블루보틀 VS 스타벅스

블루보틀이다. 제아무리 스타벅스라 할지라도 제2의 물결과 같은 독주는 불가능하다는 것을 충분히 예측하게 해주는 대목이다.

소비자들 입장에서 2018년은 커피 전쟁의 원년이 될 것이다. 기존의 절대 강자인 스타벅스와 제3의 물결을 등에 업은 블루보틀로 대표되는 기업들 간에 펼쳐질 전쟁이다. 전쟁이 어떤 방식으로 구체화될지 지켜보는 것은 매우 흥미롭다. 산업의 물결이 크게 바뀌는 전환점에서 발생하는 전쟁이기 때문이다.

과연 누가 더 효율적으로 경쟁하여 달콤한 결과물을 쟁취할 것인가? 블루보틀? 스타벅스? 아니면 제3의 기업? 아직은 예단하기 어렵다. 현재 시점에서 한 가지만은 확실하다. 지금 스타벅스는 어느 때보다 긴장하고 있다는 점이다.

블루보틀,
한국을 선택하다

블루보틀이 네슬레라는 거대한 항공 모함에 탑승한 이상 스타벅스라는 커피의 절대 강자 역시 그저 강 건너 불구경처럼 구경만 하고 있을 수만은 없는 상황이다. 한국에서도 마찬가지다. 그동안 한국은 그야말로 스타벅스 전성시대였다. 블루보틀 커피는 커피 마니아들 사이에서만 회자되는 수준이었다. 블루보틀이 한국에 출점하면 상황은 완전히 바뀔 것이다.

커피 한잔을 맛보려고 가장 가까운 곳을 가려 해도 일본 도쿄까지 가야 하는 상황이라면 아무리 커피 애호가라도 쉽지 않다. 블루보틀의 국내 인지도가 낮을 수밖에 없는 이유이다.

자료 TD경영연구원

도쿄 블루보틀 매장

그럼에도 도쿄의 블루보틀 매장에 들를 때마다 수많은 한국 관광객들을 접하곤 한다. 그때마다 깜짝깜짝 놀라곤 한다. 여행객들이 일부러 시간을 내지 않는 이상 방문하기 쉽지 않은 위치이기 때문이다. 단체 관광객들이 자주 들르는 곳에는 블루보틀 매장이 없다. 자유 여행으로 도쿄에 온 한국인들이 어쩌면 그리도 블루보틀 매장에 많이 있는지, 정말 놀라움을 넘어 감탄할 정도이다.

드디어 블루보틀이 한국에 상륙한다. 일본의 경우 이미 도쿄에만 7곳에 매장이 있고 교토에도 1곳이 생겼다. 커피라면 둘째가라 해도 서러워할 한국인들에게 블루보틀 매장 하나는 전혀 어울리지 않는다. 1호점 출점에 시간이 걸려서 그렇지, 일단 1호점이 출점한 이후에는 빠른 시간 안에 2호점, 3호점 등 후속 매장들이 들어설 것으로 보인다. 그만큼 한국에는 맛있는 커피, 문화와 감수성이 살아 있는 분위기를 선호하는 커피 애호가들이 많다.

한국의 블루보틀 1호점은 성수동이 될 전망이다. 당초 삼청동으로 알려졌었지만. 아날로그적인 느림의 미학을 선호하는 블루보틀은 성수동과도 궁합이 잘 맞을 것 같다. 최근 들어 성수동은 1호점의 유력 후보지였던 삼청동과 마찬가지로 감성과 문화 지역으로 새롭게 각광을 받고 있다. 블루보틀이 성수동을

삼청동 풍경

선택한 이유도 삼청동을 고려했던 이유도 느림의 미학이라는 블루보틀의 철학과 잘 어울리기 때문이다. 일본의 도쿄와 교토에 진출한 블루보틀의 매장 주변을 살펴보면 하나같이 충만한 문화적 감수성을 자랑한다. 성수동에서 블루보틀 고유의 감수성이 어떻게 조화롭게 문화로 승화될지 하루속히 보고 싶다.

블루보틀의 마케팅 전략

BLUE BOTTLE COFFEE

PART 3

BLUE BOTTLE AT HOME
Subscribe to your favorite coffee
SIGN UP
BLUE BOTTLE
More from Blue Bottle
FREQUENCY BLOG
Is This Coffee Beautiful—to You?
READ MORE
FREQUENCY BLOG
Women in Coffee: A Global Movement
READ MORE

블루보틀 홈페이지

두드러지게 큰 광고를 하면서 소비자들의 주목을 받으려고 하지 않는다. 그렇다고 소비자들에게는 눈길조차 주지 않고 그저 자신들이 할 일에만 집중하는 것도 아니다. 이렇게 하기도 참 쉽지 않다. 자신들을 알리려는 노력도 하지만, 그저 뚜벅뚜벅 길을 걷는 황소처럼 천천히 소비자들이 알아줄 때까지 기다리려는 느낌을 갖도록 한다. 소리 없이 강하지만 아는 사람만 아는 강함이라는 느낌을 갖게 하는 회사가 블루보틀이다.

홈페이지도 스타벅스만큼 강렬하다는 느낌보다는 부드럽고 편안하다. 소비자들이 블루보틀을 이해하기 위해, 혹은 더 많은 정보를 얻기 위해 방문하는 이상 홈페이지는 가장 효과적으로 자신을 알리는 마케팅 수단이다. 그런 홈페이지에서 부드럽고 편안하다는 느낌을 갖도록 하고 있다.

한 회사를 홍보하는 중요한 마케팅 채널이라는 점을 감안하면 블루보틀 홈페이지의 편안하고 밝고 부드러운 분위기는 분명 전략적이다. 뿐만 아니라 블루보틀의 커피 자체가 굉장히 세련되었다는 이미지를 보여 준다. 도드라지지 않지만 뒤에 처져 있지도 않고, 그렇다고 유행에 둔감하거나 투박하지도 않은 이미지를 자랑한다. 블루보틀 홈페이지는 분명 마케팅 전략의 산물이라는 것이다.

블루보틀이 미국이 아닌 일본 도쿄에 본사를 두고 있는 일본 회사라고 생각하는 사람들이 의외로 있다. 깔끔하고 세련된 이미지가 불러온 선입견이다. 그만큼 블루보틀이 세련된 이미지를 갖고 있다는 방증이다.

가장 성공적인 마케팅은 무엇일까? 쉽게 이해하도록 예를 들어 설명하겠다. 파랑유리병이라는 기업이 있다고 하자. 파랑유리병이 소비자들에게 전달하고자 하는 이미지가 있다. 자신들의 브랜드를 접할 때마다 떠올렸으면 하는 이상적인 이미지일 것이다. 이상적인 이미지를 각인시키고 이를 통해 소비자들이 파랑유리병의 제품이나 서비스의 구매를 이끌어 낸다면 우리는 가장 성공적인 마케팅이 이루어졌다고 말할 수 있다.

적어도 지금까지 블루보틀의 마케팅은 일정 수준 이상으로 성공적이었다. 물론 아직까지 더 발전해 나가야 할 부분도 눈에 띈다. 예를 들면 앱을 활용한 모바일 마케팅이다. 분명 모바일 마케팅은 스타벅스나 여타 제2의 물결 속에서 커피 시장을 주름잡고 있는 기업들보다 블루보틀이 뒤처져 있다. 스타벅스 앱을 써 본 사람이라면 얼마나 다양하고 편리하게 스타벅스를 접하고 활용하면서 관련 제품들을 소비할 수 있는지 잘 안다.

보완해야 할 부분이 있다고 해서 블루보틀이 급히 서두르지는 않을 것이다. 블루보틀의 정체성이자 강력한 경쟁력은 느림의 미학이다. 느림의 미학은 앱을 활용해 편리하게 즐기는 것과는 다소 거리가 있다.

가령 앱을 활용해 미리 커피를 주문해 놓은 후 방문해서 커피를 즐긴다고 하자. 스타벅스에서는 지극히 자연스러운 소비 유형이겠지만 블루보틀에서는 어색하게 느껴진다. 블루보틀이 굳이 더디게 커피를 추출해 판매하는 이유는 편리함보다 느리지만 맛있는 커피를 제공하기 위해서이다. '느리지만 맛있는 커피'라는 콘셉트는 지극히 블루보틀다운 마케팅 전략이 성공적으로 구체화된 부분이라고 보아야 할 듯싶다.

감성을 일깨운다

감성이란 무엇일까? 사람들이 말하는 '감성에 호소한다' 내지는 '감성팔이를 한다' 같은 표현은 무엇을 의미할까? 우선 감성이라는 단어가 어떤 의미를 갖는지 살펴보자.

사전적 정의를 종합해 보면, 감성이란 사람이 느끼는 다섯 개의 감각을 통해 지각하여 어떤 인식을 구축하는 능력이라고 정의할 수 있다. 사람들은 모두 감성을 갖고 있다. 모든 사람들이 감성을 갖고 있지만, 모든 사람들이 공평하고 균등하게 감성이라는 인식 능력을 갖고 있지는 않다. 어떤 사람은 다른 사람들보다 훨씬 풍부한 감성을 갖고 있는 반면, 상대적으로 감성이 부족한 사람들도 흔하다. 따라서 동일한 시공간에서 동일한 사물이나 상황을 경험하더라도 인식하는 정도는 능력이 어느 정도냐에 따라 달라지기 마련이다.

블루보틀 마케팅은 감성에 호소하는 것을 넘어 감성을 일깨우는 마케팅이다. '감성에 호소하다'와 '감성을 일깨우다'가 어떻게 다른지 정리해 둘 필요가 있다. 필자의 구분은 마케팅 전문가적인 구분이 아님을 미리 밝혀 둔다. 단지 필자가 느끼고 받아들이는 대로 구분한 내용이니 오해가 없기를 바란다.

'감성에 호소하다'는 이미 활성화되어 있는 감성이 보다 능동적으로 작동하도록 하여 기업의 마케팅 활동이 보다 적극적으로 침투되도록 하는 방식이다. '감성을 일깨우다'는 비활성화되어 있는 감성을 어떤 자극이나 유인을 통해 활성화시켜 기업의 마케팅 활동이 적극적으로 침투되도록 하는 방식이다.

필자 마음대로 정의한 바에 기초하면 '감성에 호소하기'는 '감성을 일깨우기'보다 손쉬운 방식이다. 이미 깨어 있는 감성에 적절히 호소하기만 하면 되기 때문이다. 감성을 일깨우기는 잠들어 있기에 아직 깨어나지 않은 감성을 깨우는 과정이 선행되어야 한다. 당연히 감성에 호소하기보다 많은 노력과 호소가 필요하다.

이런 이유로 감성에 호소하는 마케팅을 하는 기업은 많아도 잠들어 있는 소비자들의 감성을 일깨우는 마케팅은 드물다. 그렇다면 블루보틀의 마케팅은 감성을 일깨우는 마케팅일까? 그렇다고 본다. 블루보틀은 소비자들을 대상으로 매우 정교하고 일관성 있게 감성을 일깨우는 마케팅을 하고 있다.

감성을 일깨우는 블루보틀의 디자인, 색상 마케팅

단적인 예로 블루보틀의 디자인 마케팅을 보자. 블루보틀은 세련된 이미지를 자랑한다. 블루보틀의 세련된 이미지는 꼼꼼하고 절제된 디자인이 중요한 역할을 한다. 동일한 제품이라도 어떤 디자인을 채택하느냐에 따라 소비자로부터 열렬한 사랑을 받기도 하고 무관심과 냉대를 당하기도 한다. 블루보틀은 급하게 달려들지 않는다. 그렇다고 지나치게 방치하지도 않으면서 천천히 소비자들의 마음속에 젖어 드는 디자인을 활용한다. 이것이야말로 감성을 일깨우는 디자인 활용이 아니고 무엇이겠는가?

블루보틀의 로고 디자인은 파랑색 병이다. 파랑색 병의 바탕이 되는 색상은 잔잔하면서 침착함을 유지하도록 도움을 준다. 강력한 색상은 처음에 깊은 인상을 주지만 질릴 수 있다. 심플하면서 따뜻하고 오래 보아도 질리지 않는 색상은 무엇인가 생각하고 느끼도록 도움을 준다. 이 과정에서 그동안 잊고 지냈던, 잠자고 있던 감성이 되살아난다. 색상과 심플한 디자인이 하나가 되어 감성을 일깨워 주는 것이다.

필자는 주장한다. 블루보틀이야말로 소비자들의 감성을 일깨우는 마케팅 천재라고!

시각을 일깨운다

무슨 색일까?

- 삼원색의 하나이다.
- 전 세계적으로 사람들이 가장 선호한다.
- 상쾌함, 신선함, 물, 차가움 등이나 냉정, 신비로움 등을 느끼게 한다.
- 명료성, 창조성을 증가시켜 준다.
- 신진대사를 증대시키고, 활력을 불어넣어 주며, 성장을 촉진하고, 심장 운동을 느리게 한다.
- 근육, 혈관을 축소시키는 효과가 있다.
- 혈액 순환을 정상적으로 회복시키며, 신경 흥분을 가라앉혀 준다.
- 종교적 영감, 창조성, 언어를 나타낸다.

자료 《색채용어사전》 참고

시각을 일깨우는 블루보틀 홈페이지

모두 특정 색상에 대한 내용이다. 어떤 색일까? 바로 파랑색이다. 조금만 눈치가 있는 사람이라면 파랑색이라는 사실을 쉽게 알 수 있다.

블루보틀을 상징하는 색은 파랑색이다. 과연 블루보틀은 파랑색을 사랑하는 것일까? 블루보틀이 자신들을 표현하기 위해 사용하는 파랑색은 사람들의 시선을 끌어모으는 매력이 있다. '원래부터 파랑색이 사람들의 시선을 한 몸에 받는 색이었나?' 싶은 매력이다. 블루보틀의 파랑색은 단순한 파랑색 이상이다.

블루보틀의 파랑색이 파랑색 이상이 되는 이유는 조화를 이루는 다른 색상들이 함께하기 때문이다. 블루보틀은 자신들의 트레이드마크인 파랑색 병이 돋보이도록 하기 위해 과도한 배색을 하지 않는다. 그저 무심한 듯 툭 던져 놓은 편안하고 은은한 색을 사용할 뿐이다. 자신들을 드러내려는 과도한 시도는 홈페이지에서도 활자화된 잡지나 책, 신문에서도 결코 찾아보기 힘들다. 너무 겸손하다는 생각이 들 정도다.

자신들을 보다 당차게 표현하기 위해 다른 색을 사용할 만도 한데 블루보틀이 굳이 파랑색을 사용하는 이유는 무엇일까? 해답은 파랑색의 의미에서 찾을 수 있지 않을까? 파랑색이 갖고 있는 영감, 창조성, 회복, 치유의 효과를 기대한 것은 아니었을까? 바쁘고 정신없이 살아가는 안쓰러운 현대인들에게 일상에서 잠시나마 비켜서서 조금은 더디더라도 맛있는 커피를 기다리는 설레는 마음을 느낄 기회를 주고 싶지 않았을까?

도쿄의 블루보틀 매장에서 보물 같은 경험을 했다. 블루보틀의 파랑색 병을 응시하면서 따뜻한 모카 한 모금을 넘기던 바로 그 순간 물밀듯이 밀어닥치는 마음의 평안을 느꼈다. 지금 생각하면 창피하다는 생각도 들지만 나도 모르게 눈물이 볼을 타고 흘러내렸다. 바쁘고 힘들고 지쳐 있던 그때 길지 않아도 천천히 흐르는 시간에 몸과 영혼을 맡기고 쉬고 있다는 기분이 들었다. 필자의 소중했던 경험의 시작은 블루보틀을 상징하는 파랑색 병과 연한 색상의 배경이었다.

누군가는 너무 센티멘털하다고 핀잔할 수도 있다. 그러나 블루보틀이 자신들을 상징하는 병 색상을 파랑색으로 정하고 치유라는 의미를 담기 원했다면 참으로 절묘하다고 할 수밖에 없다. 적어도 필자에게는 그랬다.

부쩍 도쿄 방문이 잦아지고 있는 요즘이다. 도쿄의 블루보틀 매장을 찾을 때면 이번에는 어떤 힐링을 경험할까 기대를 갖는다. 힐링은 파랑색과 하얀색, 밝은 원목들이 펼치는 색상의 향연에서 매번 비롯되곤 한다. 이번에는 어떤 힐링이 나를 기다리고 있을까? 블루보틀, 조금만 기다려라!

향을 일깨운다

어떤 음식을 이야기하면 빠지지 않는 키워드가 향 혹은 냄새다. 보통 음식은 눈으로 보면서 기대를 하고, 코로 냄새를 맡으면서 맛있겠다고 설레며, 입으로 먹음으로써 포만감을 느낀다. 맛있는 음식은 냄새부터 다르다. 냄새가 나쁘다고 모두 맛없는 음식이라는 말은 아니다. 대체로 맛있는 음식에서는 맛있는 냄새가 풍긴다는 의미이다.

블루보틀의 모든 커피는 맛있는 향이 기본이다. 그럴 수밖에 없다. 원두 고유의 맛을 가장 잘 살려 내는 방식으로 커피를 추출한 후 고객들에게 제공하고 있기 때문이다.

맛있는 향이 샘솟는 블루보틀 커피

비 오는 날 블루보틀 커피는 특별한 향이 그윽하다. 다른 어떤 날보다 커피홀릭처럼 만든다. 아마도 맛과 풍미가 뛰어난 커피를 추출하기 위한 노력의 결과가 아닐까 한다.

좋은 향과 맛을 내기 위해서는 품질 좋은 원두가 기본 중의 기본이다. 누구나 아는 상식이다. 그런데도 모든 카페가 좋은 원두를 사용해 커피를 추출하지는 않는다. 좋은 원두일수록 가격이 매우 비싸다. 판매 가격에서 원가가 차지하는 비중이 높아진다. 당연한 이야기지만 가격이 비싼 원두를 사용하면 이윤이 적어진다. 블루보틀은 적어지는 이윤을 감수하고서라도 좋은 원두를 사용해 커피를 추출한다. 소비자들이 블루보틀에 열광하도록 만드는 이유이다.

좋은 원두를 사용해 추출한다고 늘 맛있는 커피가 만들어진다고 여기면 오산이다. 어떤 방식으로 로스팅된 원두에서 추출해 내느냐에 따라 커피 맛이 달라진다. 블루보틀은 좋은 원두를 선별한 후 풍미를 가장 잘 살려 내도록 볶아 각각의 원두가 가진 고유한 풍미를 즐길 수 있는 방식으로 커피를 추출한다. 따라서 블루보틀 매장에 들어서면 사람의 후각을 기분 좋게 자극하는 기분 좋은 향을 경험한다.

맛있는 음식을 경험하면 이후 그 음식을 생각할 때마다 맛있는 향이 떠오른다. 그다음에는 침이 샘솟고 먹고 싶다는 충동이 뒤따른다. 블루보틀 매장에서 커피를 추출하는 향을 경험한 후 기대를 훨씬 뛰어넘는 커피를 맛보면 어떨까? 커피를 추출하는 과정을 보기만 해도, 아니 사진이나 동영상만 보더라도 고유의 향을 떠올리면서 블루보틀 커피를 마시고 싶어진다.

블루보틀 커피는 소비자들이 그동안 간과하고 있던 맛있는 향을 깨워 진정한 커피라는 경험을 제공한다. 블루보틀 커피야말로 커피를 사랑하는 소비자들의 향을 제대로 일깨우고 있다고 할 수 있지 않을까.

코드를 맞춘다

현대 사회에서 '코드를 맞춘다'는 말은 매우 중요한 의미를 갖는다. 모든 분야에서 소통은 물론 성공을 위한 핵심이 코드를 맞추는 것이다. 정치에서도 문화에서도 코드 맞추기는 매우 중요하다. 정치를 소비의 관점에서 바라본다면 소비자는 국민들이다. 국민들의 생각과 염원을 관철하려는 의지가 있는 정치인이 제대로 코드를 읽어 낸다면 열광적인 지지를 받을 것이다. 문화는 또 어떤가. 음악이면 음악, 공연이면 공연, 영화면 영화, 모두 각각의 소비자들이 원하는 것들과 코드를 맞추지 못하면 실패하기 마련이다.

줄을 서서 기다리는 블루보틀 소비자들

제품과 서비스를 판매하여 이익을 창출하는 기업도 마찬가지다. 기업이 생산한 제품과 서비스를 구매하는 소비자들과 코드를 맞춰야 지속적으로 수익을 창출한다. 블루보틀은 자신들의 제품을 구매하는 소비자들이 무엇을 원하는지 정확히 읽어 코드를 맞추는 능력이 뛰어난 기업이다.

블루보틀 매장 어디를 가든지 공통적으로 발견되는 모습이 있다. 카운터 앞이나 문 앞에 길게 줄을 선 채 차례를 기다리는 손님들이다. 블루보틀 소비자들은 왜 줄을 서는 번거로움을 기꺼이 감수하면서까지 순서를 기다릴까? 맛있는 커피를 마시기 위함이 가장 중요한 이유이다. 맛있는 커피야말로 소비자들이 진정으로 원하는 것이다. 동시에 소비자들이 원하는 맛과 코드를 맞추는 것이기도 하다.

단지 맛있는 커피를 제공한다는 하나만 가지고 블루보틀에 열광하는 소비자들을 100% 설명할 수는 없다. 두드러지지 않지만 어쩌면 소비자 자신도 똑 부러지게 말로 표현하기 어려운 무언가가 분명히 존재한다고 본다. 그것을 필자는 '블루보틀이 소비자들의 마음과 코드를 맞춘다'라고 표현하고 싶다.

블루보틀에는 다른 프랜차이즈 점포들과는 다른 독특한 분위기와 제품과 서비스가 있다. 각각의 독특함이 일관되게 소비자들의 마음을 들었다 놓았다 한다. 바로 소비자들의 마음과 코드를 맞추고 있는 것이 아니라면 또 무엇이겠는가. 필자는 말하고 싶다. '블루보틀은 소비자들의 코드를 잘 읽은 후 자신들의 제품과 서비스에 녹여내고 있다'라고.

시장을 지혜롭게 구분한다

기업에게 시장은 매우 중요한 의미를 갖는다. 기업을 성공으로 이끄는 것도 시장이요, 실패로 이끄는 것도 시장이다. 시장은 매우 냉정하다. 인정사정 봐주지 않는다. 개인들 사이에는 이런저런 사정을 봐줄 여지가 있다. 사람 사는 세상이 그렇다. 하지만 치열한 경쟁이 당연한 시장에서는 전혀 그렇지 않다.

어떤 시장에 진입하느냐는 기업이 성공하느냐, 아니면 실패하느냐를 결정하는 매우 중요한 문제가 되곤 한다. 실제로 경영의 역사를 살펴보면 잘못된 시장에 진입해 큰 어려움을 겪거나 역사에서 사라지는 끔찍한 운명을 맞이한 기업들이 숱하다.

소주로 유명한 진로 그룹이 대표적이다. 진로는 자타가 공인하는 소주 회사다. 그러다 많은 우여곡절을 겪은 끝에 창업주 가문이 경영권을 잃었다. 가정에 불과한 이야기지만 만약 진로가 소주에만 집중하는 사업 형태를 유지했다면 어땠을까? 아마도 창업주 가문은 지금도 진로소주의 성공과 함께하고 있지 않을까.

진로가 생산하는 소주는 대한민국을 대표하는 주류 중 하나로 예나 지금이나 한국인들의 애환을 달래 주고 있다. 그만큼 많은 국민들로부터 아낌없는 사랑을 받는 술이다. 실제로 소주가 갖고 있는 이미지는 다양하다. 어렵거나 힘든 일을 푸는 데는 소주가 잘 어울린다.

진로소주

직장 업무에 지친 동료와 함께 포장마차에서 마시는 술 하면 단연코 소주가 제격이다. 사랑하는 연인과 헤어진 날 가장 먼저 떠오르는 것 역시 소주가 아닐까. 어디 그뿐인가. 어려운 일이 잘 풀리거나 고민거리가 해소되면 기쁜 마음으로 삼겹살과 함께 곁들이기 딱 좋은 술도 소주다. 소주는 여전히 폭넓은 사랑을 받는 술이다.

이처럼 폭넓은 사랑을 받는 이유가 무엇일까? 다양한 소비자들의 코드를 읽어 그에 적합한 제품 이미지를 형성한 데서 비롯되었음을 아는 소비자가 과연 얼마나 될까? 지금 당장 소주잔을 들고 있는 자신의 모습을 상상해 보라. 과연 어떤 자리에 있는 모습이 적당한가? 한 가지는 기억해 두자. 지금 떠올리는 자신의 모습, 그 자리가 바로 소주가 여러분의 코드를 읽고 마음속에 포지셔닝한 것이다.

앞서 살펴본 '블루보틀이 코드를 잘 읽고 있다'는 사실은 블루보틀이 시장을 지혜롭게 구분해 냈다는 점을 통해 확인된다. 시장을 구분했다? 어쩌면 어렵게 느낄지도 모르겠다. 간단히 '블루보틀이 커피 사업을 하면서 맞닥뜨릴 다양한 시장 가운데 초점을 맞춰야 할 시장을 따로 구분해 냈다' 정도로 이해하면 된다.

느림의 미학을 이해하는 소비자, 다소 더디더라도 커피 본연의 맛을 즐길 준비가 된 소비자, 커피를 단순한 음료가 아니라 라이프스타일을 완성하는 중요한 일부분으로 받아들이는 소비자 들이 있는 시장을 개척하고 확대해 나가는 것에 블루보틀은 초점을 맞추었다. 이쯤이면 블루보틀이 시장을 지혜롭게 구분하고 있다고 할 수 있지 않을까?

BLUE BOTTLE COFFEE

타깃을 명확히 한다

블루보틀은 자신들이 추구하는 것이 무엇인지 명확히 제시한다. 틈나는 대로 다양한 채널을 통해 자신들이 무엇을 추구하는지 수없이 강조한다.

"블루보틀의 브랜드 정체성을 지키려면 프랜차이즈 방식으로 운영하는 것은 맞지 않다."

국내 한 언론사와의 인터뷰에서 블루보틀 CEO인 브라이언 미한이 블루보틀을 직영으로만 출점하겠다는 의지를 강력하게 피력하기 위해 한 말이다.

블루보틀 CEO 브라이언 미한

이익 측면에서 블루보틀 CEO의 선택은 바람직하지 않을 수 있다. 직영점으로 진출하려면 막대한 자본이 투자되어야 해서 브랜드 세계화에 약점이 될 수밖에 없다. 실제로 블루보틀이 50여 개의 매장밖에 없는 이유도 직영점으로만 출점하겠다는 전략 때문이다.

몇 년 전부터 블루보틀을 예의 주시하던 기업들은 많았다. 우리나라 기업들도 마찬가지였다. SPC그룹, 파라다이스그룹, 현대백화점그룹 등이 블루보틀에 관심을 가졌다는 것은 공공연한 비밀이다. 그럼에도 결국 블루보틀은 자신만의 원칙을 준수하고 있다.

그렇다면 무엇이 블루보틀로 하여금 성장과 경제적 이익을 포기하도록 할까? 여러 가지가 있겠지만 그중 하나로 '타깃을 명확히 하기 위해서'를 들 수 있다. 타깃을 명확히 하기 위해 성장과 경제적 이익을 포기한다? 듣는 사람에 따라 '말장난 이상도 이하도 아니다'라는 말을 할 수도 있는 주장이다. 그러나 사실이다. 블루보틀은 분명 타깃을 명확히 하기 위해 당장의 성장과 경제적 이익을 포기하고 있다. 도대체 어떤 점에서 그럴까?

블루보틀의 타깃은 커피 산업에 불어닥치는 제3의 물결에 기초한 시장과 소비자들이다. 해당 시장과 소비자들은 어디를 가나 보편적이고 통일된 맛으로 빠르게 서비스되는 커피를 선호하는 시장과 소비자들이 아니다. 그보다는 오히려 느려도 맛있고 충분히 즐기는 커피를 선호하는 시장과 소비자들이다.

블루보틀이 보편화되고 스피디한 맛을 추구하는 세계화를 단지 성장과 경제적 이익에만 초점을 맞춰 추진한다면 어떨까? 스타벅스의 아류에 불과한 브랜드가 되기 위해 애쓰는 것에 불과할 뿐이다. 더불어 이런 식의 세계화를 추진한다면 필연적으로 글로벌 절대 강자인 스타벅스라는 거대한 경쟁자와 직접 맞닥뜨려야만 한다. 그렇게 되면 더욱 큰 타격을 입을지도 모른다. 자타가 인정하듯이 아직 커피 산업계에서 블루보틀은 스타벅스와 체급 자체가 다르다. 제아무리 블루보틀이라도 동일한 시장에서 동일한 방식의 제품과 서비스를 가지고 스타벅스와 경쟁하는 것은 지극히 바람직하지 않다.

블루보틀은 타깃을 명확히 한다. 그에 그치지 않고 시간이 흐를수록 더욱 정교하게 타깃을 겨냥한다. 이 과정에서 일정 수준 이상의 성장과 경제적 이익을 포기하고 있다. 기업이 외부의 환경 변화에 둔감해서는 생존하기 힘들다. 모든 기업들은 스스로 환경 변화에 능동적으로 대처하기 위해 애쓴다. 그러나 자신의 정체성을 훼손하면서까지 환경 변화에 능동적으로 대처해 나가는 것은 결코 바람직하지 않다.

요즘 들어 부쩍 드는 생각이 있다. 네슬레가 막대한 자본을 투자해 불과 50여 개의 매장밖에 없는 블루보틀을 인수한 이유는 자신의 정체성을 지켜 나가고 있어서가 아닐까? 정체성이 분명해야 타깃을 명확히 할 수 있으니까 말이다.

프리미엄이라는 포지셔닝을 취한다

블루보틀은 과연 어떤 이미지를 갖고 있을까? 소비자들을 매우 배려하는 기업? 맛있는 커피를 판매하는 기업? 아니면 일반적인 기업처럼 자신의 이익을 극대화하기 위해 노력하는 기업?

여타 기업과 마찬가지로 블루보틀도 다양한 이미지가 형성되어 있다. 사람들이 블루보틀을 어떻게 바라보는지에 따라 서로 다른 이미지를 가질 것이다. 그럼에도 블루보틀에 대해 사람들 사이에 일반적으로 구축되어 있는 이미지는 분명 존재한다.

BARNEYS
NEWYORK
BLUE BOTTLE
COFFEE

사람들 사이에 형성되어 있는 블루보틀의 이미지는 무엇일까? 블루보틀이라는 커피 회사를 알고 경험한 사람들은 대체로 다음과 같은 이미지를 가지고 있다. 어디까지나 필자가 직접 블루보틀을 방문해서 물어보고 확인한 결과인 만큼 꼭 그렇지는 않음을 참고해 주기 바란다.

블루보틀은?

친절하다. 깔끔하다. 밝고 환하다.
맛있다. 즐겁다. 유쾌하다. 고급스럽다.

필자가 직접 확인한 바에 따르면 블루보틀에 대한 이미지는 대체로 7가지 정도로 요약된다. 여기서 재미있는 사실이 한 가지 발견된다. 위 7가지 이미지가 모두 하나의 공통점을 갖고 있다는 점이다. 어떤 공통점일까? 모두 프리미엄이라는 이미지와 잘 어울린다는 것이다.

프리미엄이라……. 많이 들어서 대충 어떤 의미인지는 알아도 명확하게 무슨 뜻인지는 잘 모르는 경우가 많다. 우선 프리미엄의 개념을 짚어 보자. 프리미엄은 어떤 분야에서 사용되느냐에 따라 매우 다양하게 정의된다. 그만큼 우리 삶과 밀접하게 연결되어 있다.

부동산 분양 시장에서 프리미엄이란 '분양권 혹은 분양 가격과 매도 가격의 차액'을 의미한다. 기본적인 기능은 무료로 제공하고 고급 기능은 돈을 받고 판매하는 가격 전략을 의미하기도 한다. 액면 가액이나 계약 금액 이상으로 지출되는 할증금, 평균 이상으로 고급스러운 제품이나 서비스 등으로 정의되기도 한다. 필자는 평균을 넘어서는 고급스러운 제품이나 서비스를 프리미엄이라 칭했다.

블루보틀은 프리미엄 이미지와 떼려야 뗄 수 없는 관계가 있다. 왜 그런지는 다음의 기업들이 갖고 있는 공통점을 통해 확인된다. 글로벌 기업이라고 평가받는 구글, 페이스북, 인스타그램, 우버, 트위터, 테슬라 등은 모두 지역적인 측면에서 공통점을 자랑한다. 미국 사람들이 흔히 말하는 샌프란시스코만 지역에서 시작되었다는 것이다.

블루보틀 매장이 집중적으로 자리 잡고 있는 지역도 같은 곳이다. 오늘날 세계에서 가장 핫한 기업들을 배출한 샌프란시스코만에 자리 잡았다는 점은 어찌 보면 블루보틀만의 프리미엄 전략의 일환이라 하겠다. 굳이 비싼 제품이라는 이미지를 각인시키지 않고도 그저 남과 다른 방식으로 자신만의 라이프스타일을 즐길 기회를 제공함으로써 프리미엄 이미지를 구축해 지금도 고수하고 있는 것이다. 블루보틀이 매우 자연스럽게 프리미엄 이미지로 포지셔닝에 성공한 경우가 아닐까 하는 생각이 든다.

타협하지 않되
배려한다

블루보틀은 타협하지 않는다. 자신들만의 색깔을 우직하게 고집한다. 다른 한편으로는 무척 유연하다. 어디 이런 모순이 있을까. 자신들의 색깔을 지독하게 고집하면서도 유연하다니, 말장난 같기도 하다.

블루보틀은 어떤 점을 타협하지 않고 있을까? 우선 많은 고객을 상대하여 더 많은 이익을 창출하려고 하지 않는다. 박리다매를 추구하지도 않고, 비싸면서도 강력하게 구축한 팬덤을 기반으로 하는 대량 공급을 하지도 않는다. 스타벅스처럼 고객이 지갑을 열게 만들려고 애쓰는 모습도 보이지 않는다.

블루보틀은 자신들만의 철학을 확실하게 유지한다. 일례로 블루보틀 매장에는 충전용 콘센트를 찾아보기 힘들다. 어떤 매장에는 아예 충전용 콘센트 자체가 없다. 전 세계 어떤 커피 매장을 찾아도 블루보틀만큼 전원 콘센트를 찾아보기 힘든 곳은 없을 것이다. 간혹 불편함을 호소하는 고객들이 분명 있다. 그런데도 블루보틀은 타협하지 않는다. 서비스 측면에서 적정 수준의 전원 콘센트를 확보하는 것은 지극히 당연함에도 말이다.

블루보틀은 왜 전원 콘센트라는 대수롭지 않아 보이는 면까지 타협하지 않을까? 해답은 다음과 같은 가상의 대화를 통해 찾을 수 있다.

고객 싱글 오리진 커피 한 잔 주세요.

직원 에스프레소 머신으로 내린 커피로 드릴까요?

고객 그렇게 해주세요. 참, 스마트폰 충전을 하고 싶은데요. 충전 좀 해주시겠어요?

직원 고객님, 저희 매장에는 충전용 콘센트가 없어서 충전이 어렵습니다.

고객 네? 매장 안에 충전용 콘센트가 없다고요?

직원 그렇습니다.

고객 좀 불편하네요.

직원 조금 불편하시더라도 양해를 부탁드립니다.

고객 없다면 어쩔 수 없죠. 혹시 충전용 콘센트가 없는 이유가 따로 있나요? 있다면 말해 주시겠어요?

직원 네, 나름의 이유가 있습니다. 우선 한 가지 여쭤 볼게요. 고객님께서 저희 블루보틀 매장을 찾으신 이유는 무엇인가요?

고객 당연히 커피를 마시려고 들렀죠.

직원 그렇죠? 스마트폰이나 노트북 컴퓨터를 충전하기 위해 어쩔 수 없이 커피 매장을 찾으신 것은 아니죠?

고객 당연히 아니죠.

직원 바로 그 이유 때문에 저희는 매장 안에 충전을 위한 콘센트를 따로 두지 않았습니다.

고객 커피를 마시러 왔다는 이유로 충전용 콘센트가 없다는 말인가요?

직원 그렇습니다.

고객 심오한 뜻이 있는 것 같군요. 조금만 알기 쉽게 설명해 주실래요?

직원 커피를 마시면서 스마트폰이나 노트북을 충전하다 보면 신경이 분산되기 마련입니다. 저희는 블루보틀 매장을 찾는 모든 고객님들이 맛있는 커피를 마시면서 행복하시기를 원합니다. 그러기 위해서는 고객님들이 커피에만 집중할 환경을 제공해 드리는 것이 중요하죠. 그래서 저희 블루보틀 매장에는 충전용 콘센트가 없답니다.

고객 그렇군요. 그럼 저도 커피에만 집중해야겠군요. 감사합니다.

직원 네, 맛있는 커피 즐기세요!

가상의 사례처럼 블루보틀은 자신들의 철학인 '고객들이 커피 본연의 맛을 즐기도록 하자!'라는 원칙에 충실하다. 자신들의 원칙에 어긋날 가능성이 있는 것들을 가능한 배제하려고 노력하는 것이다.

블루보틀의 제품 전략

BLUE BOTTLE COFFEE

PART 4

블루보틀은 자타 공인 글로벌 절대 강자인 스타벅스에 비해 매장에서 고객들에게 제공하는 제품의 종류가 많지 않다. 좀 더 정확하게 말하면 가지 수가 부족한 편이다. 자칫 빈약한 제품 수로 인해 몇 번 마셔 보면 질릴 수도 있다. 반복적인 맛에 질려 장사가 안 될 수도 있는데 블루보틀은 용케도 그런 위기를 크게 겪지 않았다. 그 배경에는 부족한 제품 수라는 단점을 메우고도 남을 '맛'이 자리 잡고 있다.

대부분 '카페는 커피 맛이 제일 중요해!'라고 생각한다. 실제로 카페는 커피 맛이 가장 중요하다. 음식점은 음식 맛이 가장 중요하고, 술집은 술이 가장 중요하다. 너무 당연한 이야기이다. 그러나 지극히 단순 명료한 것이 막상 해내기가 정말 쉽지 않다. 그것을 해내는 사람, 기업이라면 결코 사업에서 실패를 경험하지 않는다.

블루보틀을 주목해야 한다. 커피 산업에서 제2의 물결을 선도했던 스타벅스처럼 블루보틀 역시 제3의 물결 속에서 엄청난 발전을 이뤄 내리라 예상된다. 스타벅스가 제2의 물결을 성장 동력으로 삼을 수 있었던 가장 큰 이유는 이전의 커피와는 다른 맛을 선보였다는 점이다. 블루보틀도 스타벅스로 대표되는 제2의 물결과는 다른 커피 맛을 선보이고 있다. 커피 산업에서 성공하기 위한 절묘한 조건을 갖춘 셈이다. 블루보틀 커피를 맛본 소비자들은 '블루보틀 커피=맛있는 커피'라는 공식에 공감한다.

블루보틀 커피가 자랑하는 것이 또 있다. 사람들이 기꺼이 블루보틀 커피에 열광하는 또 다른 이유는 제품 하나하나에 그와 같은 방식으로 제공할 수밖에 없는 근거를 제시하고 있다는 점이다.

블루보틀에서는 정확한 데이터를 근거로 커피를 추출해야 한다고 강조한다. 블루보틀 매장에 가면 어렵지 않게 온도계와 그램 저울을 볼 수 있다. 그라인더 왼쪽에 놓인 기계의 LED 창에는 물의 온도가 항상 나타난다. 맛있는 커피를 마시려면 알맞은 온도로 데워진 적절한 양의 물과 커피가 잘 어우러져야 한다.

블루보틀 매장에 가면 물의 온도와 분쇄된 커피 원두의 무게를 다는 그램 저울을 찾아보자. 블루보틀을 만끽하는 또 다른 방법이 아닐까 싶다.

에스프레소 퍼스트

어떤 커피가 맛있느냐는 기준은 마시는 사람의 기호에 따라 편차가 있기 마련이다. 신맛을 좋아하는 사람도 있고, 씁쌀한 맛을 선호하는 사람도 있으며, 적당하게 어우러진 맛을 좋아하는 사람도 있다. 커피 매장들이 여러 종류의 메뉴를 새롭게 출시하거나 잘 판매되지 않는 메뉴들을 제거하는 이유도 소비자들의 선호를 반영하기 위해서다.

우리나라 사람들은 다양한 커피 맛 가운데 특히 쓴맛을 싫어한다. 처음 커피를 접하거나 익숙하지 않은 사람들은 커피에 시럽을 첨가해서 마시거나 단맛이 느껴지는 카페 모카나 캐러멜 마키아토를 마시곤 한다. 사실 커피의 시작과 끝은 누가 뭐라고 해도 단연 에스프레소이다. 에스프레소야말로 커피를 원초적으로 즐기는 기본 형태이다.

에스프레소는 그 자체로 훌륭한 마실 거리이다. 좋은 원두에서 추출한 에스프레소는 풍부한 바디감과 뛰어난 향, 맛을 자랑한다. 진정한 마니아들은 이국적인 곳에서 커피를 마실 기회가 있으면 먼저 에스프레소를 즐긴다. 뿐만 아니라 에스프레소를 기초로 다양하게 응용하여 커피 음료를 만든다.

우리가 좋아하는 라테, 카푸치노, 카페 모카는 에스프레소를 기초로 응용된 커피 음료다. 당연히 커피 매장에서 에스프레소는 매우 중요한 메뉴다. 좋은 커피 원두를 사용해 추출한 맛있는 에스프레소를 기초로 만든 커피 음료만이 맛있다는 평가를 받는다.

기억을 되짚어 에스프레소를 맛있게 마셨거나 라테, 카푸치노, 카페 모카, 캐러멜 마키아토를 맛있게 마셨던 커피 매장을 떠올려 보라. 혹여 매장에서 에스프레소만 마셔 봤거나 라테 같은 커피 음료만 마셔 봤다면 미처 맛보지 못했던 메뉴를 마셔 보자. 아마 자신이 미처 맛보지 못했던 커피도 맛있게 느낄 것이다.

커피빈 에스프레소

자료 BSI경영연구원, www.flickr.com

블루보틀 에스프레소

블루보틀은 항상 에스프레소가 먼저다. 메뉴판에도 에스프레소가 가장 높은 곳에 자리 잡고 있다. 블루보틀에서 에스프레소는 가장 기초적이면서 중요하게 고려하는 커피이다. 그야말로 에스프레소 퍼스트다.

싱글 오리진

많은 사람들이 블루보틀 커피가 자랑하는 특징 중 하나로 싱글 오리진 커피를 꼽는다. 싱글 오리진? 대부분의 독자들은 싱글 오리진이 낯설다는 생각을 할 것이다. 커피에 애정이 많은 경우가 아니라면 설사 들어 봤더라도 그냥 흘려보내기 쉬운 말이다. 먼저 싱글 오리진이 무엇을 뜻하는지 살펴보자.

싱글 오리진이란 특정 원산지 한 곳의 커피 원두만을 사용하는 경우를 말한다. 싱글 오리진 커피는 특정 원산지 한 곳의 원두만을 사용하여 추출한 커피를 의미한다. 드립 커피를 판매하는 카페에 가면 일반적인 아메리카노 커피보다 비싼 가격으로

블루보틀의 싱글 오리진 커피

판매되는 케냐 AA, 예가체프, 안티구아, 수프리모 등의 커피를 볼 수 있다. 바로 싱글 오리진에 해당하는 커피이다.

잠깐 커피가 생산되는 지역을 살펴보자. 커피는 우리가 익숙하게 알고 있는 케냐, 에티오피아, 탄자니아, 자메이카, 과테말라, 인도네시아, 콜롬비아, 하와이는 물론 대만에 이르기까지 세계 곳곳에서 거의 연중으로 수확되고 있다. 그럼에도 특정 지역에서만 커피가 생산되는 것으로 알고 있는 사람들이 많다. 아마도 우리나라에서 멀리 떨어져 있는 곳에서 재배되기 때문으로 보인다.

보통 카페에서는 블렌딩 커피를 사용한다. 블렌딩 커피는 서로 다른 나라의 특정 산지에서 생산된 커피 원두를 혼합하여 로스팅한 후 추출한 커피를 의미한다. 카페 매장에서 블렌딩 커피를 사용하는 이유는 비싸지 않은 가격에 품질이 균일하면서 맛있는 커피를 추출할 수 있기 때문이다.

커피는 어떤 지역에서 수확되었느냐에 따라 풍미와 맛이 제각각이다. 맛이 다른 만큼 특정 원두를 더 선호하는 사람들이 있다. 각자의 입맛과 취향에 맞춰 싱글 오리진 커피를 찾는 소비자들이 크게 늘어나고 있는 것이다.

에티오피아 예가체프는 산미가 강하고 향이 좋다는 장점이 있다. 콜롬비아는 풍부한 바디감이 장점이며, 과테말라 안티구아는 스모크 커피의 대명사로 유명하다. 케냐 AA나 브라질 파라나는 누구에게나 호평을 받는 무난한 커피로 알려져 있다.

사실 싱글 오리진은 단순하게 정의하기에는 조금 애매한 개념이다. 좀 더 디테일하게 정의하면 특정 지역 내에서 커피 원두를 재배하는 농장, 더 나아가 농장 내의 특정한 구역에서 재배한 커피를 말한다. 각자의 생산 지역에 따른 맛 차이가 확실히 난다. 커피 원두의 산지별로 다른 맛과 풍미를 느끼고 싶다면 싱글 오리진 커피를 마셔 보는 것이 좋다.

그렇다고 '싱글 오리진 〉 블렌딩'이라는 의미는 아니다. 실제로 이 문제에 대한 논쟁은 커피 역사만큼이나 오래되었다. 단순하게 '블루보틀이 싱글 오리진 커피에 초점을 맞추고 있으니 싱글 오리진이 최고다!'라는 주장은 어불성설이다. 다만 다양한 기호를 존중하여 소비자 각자가 맛있어 하는 커피를 보다 다양하게 제공하기 위해 블루보틀이 한 발 앞서 싱글 오리진의 대중화에 나섰다는 표현이 적절하지 않을까 싶다. 어찌 되었든 싱글 오리진은 블루보틀이 제공하는 대표 상품인 것만은 분명하다.

남들과 다른 제품 수

누누이 강조했듯이 블루보틀은 소비자들에게 제공하는 제품 수가 많지 않다. 양보다는 질에 충실하려는 시도가 눈에 띈다. 메뉴라고 해봐야 에스프레소 드링크류, 드립 커피, 아이스 커피가 전부다. 소비자를 너무 단순하게 보고 있나 싶은 생각이 들 정도다.

사실 메뉴판에는 사이드 메뉴가 빠져 있다. 빵 종류, 쿠키류 등은 메뉴판에서 보이지 않는다. 메뉴판에 보이지 않으니 판매하지 않나 하는 궁금증을 가지겠지만 분명 사이드 메뉴를 판매하는 것은 분명하다.

그래도 이런 생각은 든다. 사이드 메뉴를 메인 메뉴판에서 빼다니? 같은 방식의 메뉴판은 다른 카페 매장에서는 상상하기 힘들지 않은가. 혹시 자신이 없어서일까? 아니면 크게 남는 장사가 아니라서? 일손이 많이 들어서? 바리스타가 다른 부분에 에너지를 낭비하기 싫어서? 모두 맞을 수도 틀릴 수도 있다. 한 가지 분명한 사실은 블루보틀이 결코 사이드 메뉴를 가볍게 여기지 않는다는 점이다.

필자는 블루보틀이 메인 메뉴판에 별도의 공간을 할애하여 사이드 메뉴에 관한 정보를 제공하지 않는 이유를 다른 곳에서 찾는다. 블루보틀은 매장 내에서 고객들이 와이파이를 사용하지 못하도록 한다. 블루보틀 매장 내에서 굳이 와이파이를 사용하고 싶다면 고객 스스로 부담하여 와이파이를 이용해야 한다. 그렇다고 다른 커피 매장처럼 돈을 지불하면 와이파이를 사용할 수 있는 것도 아니다. 순전히 고객이 알아서 해결해야 한다. 와이파이에 냉정한 이유는 커피 자체에 집중하기 바라는 마음 때문이다. 매장 내의 메인 메뉴판에서 사이드 메뉴와 관련된 정보를 제공하지 않는 이유도 같지 않을까?

커피 자체에 좀 더 집중해 주기 원하는 마음, 다시 말해 다른 커피 매장에서도 얼마든지 즐길 수 있는 사이드 메뉴보다 자신들이 자랑하는 커피 자체에 집중해 주기를 바라는 마음이 느껴진다. 블루보틀이 다양한 메뉴를 제공하지 않는 이유도 마찬가지라는 생각이 든다. 고객이 다시 경험하기 원하는 소중한 맛이라는 추억을 주고 싶다면 과연 이런저런 메뉴를 만들었다 없애는 단순한 반복을 할까? 아마도 불가능할 것이다.

블루보틀이 매 절기마다, 해마다 새로운 메뉴를 다양하게 내놓은 후 실적이 좋지 않으면 판매를 중단하는 일을 반복한다면 마니아들이 엄청 실망할 것이다. 자신들의 정체성을 포기한 것이나 다름없다. 필자는 블루보틀의 단출한 메뉴를 열렬히 지지하는 1인이다.

핸드
드립

드립 커피를 주문하고 평소처럼 멍하니 매장 이곳저곳을 둘러보고 있었다. 그러다 아무 생각 없이 시선을 아래로 돌렸다. 순간 '여기가 블루보틀이었지?'라는 생각과 함께 "우와!" 감탄사가 터져 나왔다. 계산대 옆 공간에서 방금 전 내가 주문한 드립 커피가 만들어지고 있다니…….

바로 앞에서 커피를 만드는 모습이 생소하지도 않고, 필자도 직접 셀 수 없을 만큼 많이 드립 커피를 내려 마신다. 그러나 고객 바로 앞에서, 그것도 알음알음 찾아 방문한 카페가 아닌 브랜드 커피 매장에서 이런 경험을 할 줄은 상상도 못 했다.

그래서 필자가 느낀 감흥이 더 컸던 것 같다.

드립 커피는 똑같은 원두, 물이라도 어떻게 우려내느냐에 따라 다양한 맛이 만들어진다. 종종 어떤 바리스타가 만들었느냐에 따라서도 맛에 대한 호불호가 분명하게 나타난다. 하지만 블루보틀에서 맛본 드립 커피는 운이 좋았는지, 아니면 바리스타들이 모두 비슷한 수준이었는지 몰라도 큰 편차를 느끼지 못했다. 오히려 바로 눈앞에서 다른 나라의 바리스타가 만드는 드립 커피의 향을 즐기며 맛있게 만들어지는 과정을 볼 기회가 주어져 무척이나 행복했다.

드립 커피는 보는 즐거움이 있다. 드립 커피가 추출되는 과정을 보면 생동감이 넘친다. 커피 원두, 물, 드리퍼, 여과지(필터)를 가지고서 마치 한 편의 쇼처럼 즐겁게 해준다. 드립 커피를 추출하려면 먼저 커피 원두를 잘 분쇄해 가루로 만들어야 한다. 다음으로 분쇄된 커피 가루 위에 뜨거운 물을 붓는다. 이때부터 분쇄된 커피 가루가 반응을 한다. 분쇄된 커피 가루가 젖으면 바깥쪽으로 팽창하기 시작한다. 그러면 분쇄된 커피 가루의 표면이 부풀어 오르는 광경을 목격할 수 있다. 커피 산맥에서 지각 변동이 발생해 커피 봉우리가 솟아나는 모습이라고나 할까. 커피 봉우리가 솟아나는 장관은 원하는 양의 물을 모두 부어 추출하는 과정이 마무리되면 끝난다.

자료 TD경영연구원

단순하게 핸드 드립 커피가 추출되는 과정을 설명했지만 사실은 보다 복잡하고 시간이 소요된다. 핸드 드립 커피를 마실 때마다 필자는 생각하곤 한다. '내가 지금 마시는 한 잔의 커피는 추출하기 위해 소요되는 시간, 바리스타의 노력과 정성이 듬뿍 담긴 값진 선물이다'라고. 에스프레소 머신으로 손쉽게 추출해 마시는 커피와 다른 점이다.

에스프레소 머신을 이용해 추출하는 커피는 빠르고 균질한 맛을 깨끗하고 화려한 매장에서 마신다는 점에 초점을 맞춘다. 핸드 드립 커피는 더디고 각각의 특색을 살려 균질성이 다소 부족할 수 있어도 담백하고 두드러지지 않은 매장에서 마신다는 점에 초점을 맞춘다. 오늘은 아무래도 핸드 드립 커피가 당긴다. 피곤하고 나른한 오후에는 달달한 캐러멜 마키아토가 당기듯이…….

BLUE BOTTLE COFFEE

눈으로 맛보는 블루보틀 라테

음식은 눈으로 먼저 맛본다는 말이 있다. 보기 좋은 음식이 먹기도 좋다는 말도 있다. 시각적인 요인이 식욕에 얼마나 중요한 역할을 차지하는지 알려 주는 말들이다. 눈으로 먼저 음미하는 대표적인 커피가 라테이다.

라테는 에스프레소 커피에 우유를 넣어 만든 커피의 한 종류이다. 아메리카노보다 덜 쓰고 고소한 맛이 난다. 아메리카노는 에스프레소에 물을 넣어 만들고, 라테는 에스프레소에 고소한 우유를 넣어 만든다. 라테와 비슷해서 착각하기 쉬운 카푸치노는 라테보다 우유의 양이 적고 거품이 풍부한 편이다.

"블루보틀이라고 특별한 것이 있을까?"라는 독자들도 있겠고, "맛있는 것은 알겠는데, 그래서 어떻다는 말이지?"라는 독자들도 있겠다. 물론 별것 아닐 수도 있지만 견물생심이라고 하지 않던가. 눈으로 보면 욕심이 생기기 마련이다. 그러니 보기 좋으면 먹고 싶고 마시고 싶지 않을까?

블루보틀의 라테가 딱 그렇다. 참 보기 좋다. 예쁘게 커피 위에 그려진 그림을 보면서 사진을 찍기도 하고, 그림을 조금이라도 오래 보고 싶은 마음에 살짝살짝 입안에 담아 마시는 재미도 있다. 그것이 바로 블루보틀의 라테다. 게다가 기초가 되는 에스프레소의 맛이 훌륭해서 고소한 우유가 더해진 라테 맛도 일품이다.

예쁜 그림이 그려진 블루보틀의 라테

커피와 우유가 적절히 어우러진 라테. 라테 위에 예쁘게 그려진 그림. 그림이 블루보틀 매장 어디를 가나 똑같다면 식상할 텐데 현실은 반대다. 각 매장별로 어떤 때는 하트 그림을, 또 어떤 때는 꽃 그림을 경험한다. 어떤 바리스타가 그렸느냐에 따라 그림의 모양도 특성도 제각각이다. 다양하고 특징도 있는 그림까지 덤으로 즐기는 셈이니 블루보틀의 라테는 정말 특별하지 않을까.

커피의 부메뉴라기엔 너무 미안한 사이드 메뉴

커피숍에서는 커피만 맛있으면 될까? 결코 그렇지 않다. 기본적으로 커피가 맛있어야 하나 그것만으로는 왠지 2% 부족한 느낌이다. 스타벅스가 커피와 함께 사이드 메뉴에 지대한 공을 들이는 이유가 과연 무엇인지 곰곰이 생각해 보기 바란다. 미국의 던킨도너츠 매장이 국내 매장보다 엄청나게 넓은 면적을 유지하는 이유는 또 무엇일까?

우리나라에서는 커피가 차와 비슷한 성격을 갖고 있어 커피만 즐기는 소비자들도 많다. 커피와 함께 곁들일 먹거리가 있으면 좋고 없어도 크게 신경 쓰지 않는 소비자들이 많다는 뜻이다. 미국은 좀 다르다. '커피? 도넛? 던킨 도넛!'이라는 유명한 광고 문구를 떠올려 보라. 미국 사람들에게 커피는 도넛과 함께 마시는 것이 매우 자연스러운 마실 거리이다. 미국 사람들은 커피와 도넛 조합을 떠올리면 자연스럽게 입안에 군침이 고인다고 한다.

던킨도너츠가 우리나라에서 사업을 시작했다면 오늘날과 같은 글로벌 기업으로 발돋움했을까? 무조건 불가능했을 것이라고 답하면 어폐가 있을지 몰라도 아마 글로벌 기업까지 도약하지는 못했을 것이다. 미국에서야 커피와 도넛이 적당한 한 끼가 되겠지만, 우리나라에서는 여전히 간식이라는 범주에 머물러 있기 때문이다.

사족이 길었다. 최근 전 세계 커피 매장의 트렌드는 고객들이 브런치를 즐기는 것에서 더 나아가 어떻게 하면 질 좋고 맛있는 식사까지 해결하도록 만드느냐이다. 우리나라의 커피 매장에서도 유효한 트렌드다. 스파게티, 리소토, 피자 등 식사로도 충분한 먹거리를 판매하고 있다. 커피와 함께 맛있는 먹거리에도 신경을 쓰는 소비자들의 수요가 증가하는 중이다.

블루보틀도 그러했으리라 본다. 그래서 이런저런 먹거리도 함께 판매하고 있으리라. 블루보틀 매장에서 사이드 메뉴를 맛보기 전에는 궁금했다. 사이드 메뉴의 맛은 어떨까? 다른 커피 매장보다 사이드 메뉴를 강조하지 않는 이유가 무엇일까? 커피 자체에 집중시키려는 의도 말고 다른 이유도 있지는 않을까?

궁금증이 생기자 무조건 블루보틀이 판매하는 사이드 메뉴를 맛보고 싶어졌다. 필자는 도쿄의 블루보틀 매장에서 여러 가지 사이드 메뉴를 먹어 보았다. 어쩌면 나름의 검증이었는지도 모른다. 진짜 커피에 집중하기 위해 메인 메뉴판에 사이드 메뉴에 대한 정보를 숨겼는지, 아니면 커피보다는 그다지 맛있다고 자부할 수 없어 살짝 숨겼는지 검증하고 싶었다.

정말 맛있는 블루보틀의 바나나 럼 파운드케이크

필자는 블루보틀에서 판매하는 사이드 메뉴를 모두 먹어 보았다. 그러다 사이드 메뉴들 사이에서 한 가지 공통점을 발견했다. 바로 맛있다는 점이다. 느낀 그대로 말하자면 너무 맛있었다. 블루보틀의 사이드 메뉴 중 처음 맛보았던 '바나나 럼 파운드케이크' 맛은 지금도 잊을 수 없다.

어떤 맛일까 하는 궁금증에 주문했지만 큰 기대는 없었다. 이미 비슷한 빵들을 서로 다른 카페 매장에서 맛보면서 실망하기를 수도 없이 반복했던 터다. 이번에도 괜히 맛없는 빵을 먹고 나서 블루보틀에 대한 실망감만 쌓이지 않을지 살짝 걱정이 앞서기도 했다.

걱정은 그저 쓸데없는 기우에 불과했다. 입안에서 사르르

녹으면서 살짝 달고 촉촉한 맛이 두 눈을 번쩍 뜨게 만들었다. 눈 깜짝할 사이에 혀끝에 전해진 달콤하고 깊은 맛이 전두엽을 타고 머릿속을 자극했다.

"세상에 이렇게 맛있다니!"

놀라움 자체였다.

"이렇게 맛있는 파운드케이크를 왜 전면에 내세우지 않을까?"

나도 모르게 답이 뻔한 질문을 했다. 그리고는 곧바로 답을 찾았다.

"아, 커피에 집중하기를 원하기 때문이구나!"

블루보틀의 사이드 메뉴는 사이드 메뉴라고 칭하기에는 너무 훌륭한 맛을 자랑한다. 게다가 그날 직접 만든 것만 판매하는 원칙을 지키고 있다. 다시 한 번 놀랐다. 자신들의 원칙과 소신을 지켜 나가는 블루보틀의 고집이라니…….

블루보틀에 들른다면 꼭 커피와 함께 사이드 메뉴를 곁들여 보기를 권한다. 오늘은 블루보틀의 커피 한 잔과 바나나 파운드케이크를 먹고 싶지만 아무래도 좀 더 기다려야 할 듯싶다.

포기하지 않은 에스프레소 머신 추출

블루보틀은 제3의 커피 물결과 코드를 맞춘 회사다. 제2의 물결과 제3의 물결의 가장 큰 차이를 단순히 말한다면 에스프레소 머신 커피냐, 브루잉 커피냐로 구분된다. 블루보틀이라면 에스프레소 머신을 포기하고 브루잉 커피에만 집중하는 편이 어울려 보인다. 의외로 블루보틀은 에스프레소 머신 커피를 결코 포기하지 않고 있다. 아니, 포기하지 않은 정도에 그치지 않고 다양한 방식으로 커피를 즐기는 방법 중 하나로 존중한다는 느낌이 짙다.

왜 블루보틀은 에스프레소 머신 커피를 존중할까? 질문에 대한 답은 제3의 물결이 추구해 나가는 이상에서 찾아진다. 사실 제3의 물결은 에스프레소 머신 커피 VS 브루잉 커피(드립, 사이펀 등)의 대결 구도를 상정하지 않는다(어디까지나 필자의 개인적인 견해이다). 에스프레소 머신에서 추출한 커피는 원두가 갖고 있는 다양한 맛을 모두 살려 내기에는 분명 한계가 있음에도 말이다. 제3의 물결은 보편화된 커피, 어디를 가도 평균적인 맛을 구현하는 커피가 아니라 소비자들이 원하는 커피, 원두가 갖고 있는 고유한 맛을 충실하게 살린 커피를 제공하고자 한다. 소비자들의 기호를 존중한다는 측면에서 본다면 에스프레소 머신을 이용해 추출한 커피도 과소평가해서는 안 되지 않을까. 전 세계적으로 에스프레소 머신에서 추출한 커피를 즐기는 소비자들이 얼마나 많은지 생각해 보라.

블루보틀이 자신만의 철학을 포기한 것은 아니다. 소비자들이 진짜 맛있는 커피, 다양한 커피를 맛볼 기회를 제공하기 위해 애쓰고 있다. 블루보틀의 노력은 에스프레소 머신에서 추출해 제공하는 싱글 오리진 에스프레소가 있다는 점을 통해 확인된다. 일본을 기준으로 하면 싱글 오리진 에스프레소는 100엔 더 비싸기는 하다. 그러나 블렌딩보다 원두 가격이 비싸고 새로운 맛을 경험한다는 점을 감안하면 어느 정도의 가격 차이는 충분히 수긍할 만하다. 블루보틀만의 철학을 지키면서 소비자들의 기호도 존중하는 방식이 아닌가 한다.

블루보틀의 서비스 전략

BLUE BOTTLE COFFEE

PART 5

블루보틀은 서비스가 훌륭하다. 블루보틀을 방문해 본 경험이 있는 소비자들이라면 누구나 한결같이 하는 말이다. 서비스가 훌륭하다는 말은 여러 가지 의미를 내포하지만, 소비자들이 통상적으로 서비스가 좋다고 생각하는 경우는 크게 두 가지 정도이다.

첫 번째는 소비자들의 요청을 즉각 반영해 주는 경우다. 어떤 커피 매장에 들러 커피를 주문하고 차례를 기다린다고 가정하자. 갑자가 거래처에서 중요한 미팅을 위해 서둘러 약속 장소로 이동해 달라는 전화가 왔다. 아마도 당신은 카운터에 가서 조심스럽게 말할 것이다.

소비자 갑자기 중요한 약속이 생겨서 그러는데요. 제가 주문한 커피를 조금만 일찍 가져갈 수 있을까요?

종업원 아, 그러세요? 그럼 저희가 좀 더 빨리 준비해 드리겠습니다. (잠시 후) 고객님, 주문하신 커피 준비되었습니다.

소비자 감사합니다. (혼잣말로) 이 커피 매장은 참 서비스가 좋네. 다음에 또 들러야겠어.

두 번째는 소비자들이 무엇인가를 요청하기에 앞서 먼저 의도를 알고 서비스하는 경우다. 이 정도 서비스라면 최고 수준의 서비스를 제공한다고 할 수 있다. 역시 어떤 커피 매장에 들러 커피를 주문하고 차례를 기다리고 있다. 갑자기 중요한 거래처에서 전화가 왔고, 무의식적으로 왔다 갔다 하면서 통화를 하며 곧 가겠다는 말을 하고 전화를 끊었다. 다시 카운터로 가면 아마도 당신은 깜짝 놀랄 것이다.

소비자 갑자기 중요한 약속이 생겨서 그러는데요. 제가 주문한 커피를 조금만 일찍 가져갈 수 있을까요?

종업원 그럼요. 여기 방금 내린 커피를 준비해 놓았습니다.

소비자 아니, 어떻게 아시고?

종업원 고객님께서 통화하시면서 곧 가겠다는 말씀을 하시더군요. 급하게 가셔야 하는 상황이라고 생각했습니다. 다른 고객님께 양해를 구하고 먼저 준비해 드린 것입니다.

소비자 와, 정말 고맙습니다. (혼잣말로) 서비스가 최고군. 다음에도 커피는 무조건 여기서 사야겠어!

개인적으로 블루보틀은 첫 번째 서비스와 두 번째 서비스가 적절히 조화를 이루고 있다고 생각한다. 소비자들의 요구를 최대한 신속하게 반영하기 위해 노력하는 모습을 어렵지 않게 보았다. 이런 부분은 블루보틀 매장 어디를 가든 확인된다. 또

한 소비자들의 마음을 읽고 원하는 바를 미리 준비하고 서비스하는 모습도 보았다.

두 가지 서비스는 블루보틀이 고객을 맞이하는 실체적 공간인 매장에서, 추상적 형태인 매장 분위기에서, 서비스하는 제품에서, 고객을 응대하는 바리스타에서 모두 발견된다. 둘이 합쳐져서 '블루보틀은 서비스가 남다르다'는 평판을 구축한 것이다.

BLUE BOTTLE COFFEE

밝은 서비스가 우선이다

블루보틀은 밝다. 매장 전체가 밝고 매장 안에 있는 바리스타들도 밝다. 그렇다 보니 매장을 방문한 고객들도, 커피를 마시는 고객들도 모두 밝다. 우울한 마음으로 블루보틀 매장을 방문한 고객들조차도 밝은 분위기에 동화되기 십상이다. 필자가 블루보틀의 도쿄 산겐자야점에 방문했을 때가 딱 그랬다.

당연히 순조로워야 할 일이 어찌된 영문인지 잘 진행되지 않는다는 전화를 받았다. 하필 해외에 나와 있는 동안 이런 전화를 받다니……. 날짜를 잘못 선택했나? 지금이라도 당장 귀국해야 할까? 이런저런 생각에 사로잡혀 마음이 우울해지기 시작했다. 아무리 블루보틀이 좋아도 지금은 아닌 것 같아 발걸음을 돌릴 마음까지 들었다.

그때 필자 앞에 무엇인가 익숙한 것이 나타났다. 블루보틀 입간판이었다. 나무 위 특유의 파랑색이 햇살을 받아 은은하게 빛나는 작은 입간판. 사람은 의외로 작은 것에 기쁨을 느끼기도 하고 위로를 받기도 한다. 블루보틀 산겐자야점의 작은 입간판에 필자는 큰 위로를 받았다. 환하고 작은 간판을 보면서 불현듯 드는 생각이 있었다.

'여기까지 오길 잘했어. 결국 왔잖아. 온 김에 들어가서 맛있는 커피나 한잔하자. 지금 내가 여기서 속 썩이고 마음 졸여 본들 상황을 바꿀 수는 없잖아. 천천히 생각하면서 무엇이 어디서 잘못되었는지 차근차근 되짚어 보면 해결책을 찾을 거야.'

마음속에서 울림이 서서히 퍼져 나가자 필자를 괴롭혔던 상황들이 사라지기 시작했다. 곧바로 매장 안으로 들어선 필자는 모든 고민을 순식간에 잊어버릴 수밖에 없었다. 산겐자야 매장 안을 가득 채운 환한 분위기가 마음속 깊은 곳에 자리 잡은 고민을 깨끗하게 몰아내었다.

'그래, 긍정적으로 생각하자. 모든 근심과 걱정은 부정적인 마인드에서 시작된다. 더불어 모든 행복과 즐거움은 긍정적인 마인드에서 비롯되지.'

눈길을 사로잡는 산겐자야점 입간판

밝은 분위기가 돋보였던 산겐자야점

산겐자야 매장이 발산하는 밝고 환한 분위기는 그 자체로 고객을 위한 서비스다. 적어도 필자에게는 마음의 근심을 털어내는 소중한 서비스였다. 머지않아 다시 한 번 산겐자야점을 방문하고 싶다. 그때는 마음에 근심이 있는 지인과 함께 방문하면 좋겠다. 필자가 느낀 작은 치유의 기억을 소중한 지인과도 나눌 수 있지 않을까.

단순한 친절을 넘어 소통에 기초한 친절

블루보틀은 고객들과의 소통에 엄청난 관심과 노력을 기울인다. 마치 소통을 위해 존재하는 기업처럼. 고객들을 향한 블루보틀의 관심과 노력은 철저한 서비스 마인드라는 이름으로 표현된다. 이때 서비스 마인드라는 개념을 대부분의 소비자들은 통상 '친절'이라는 단어와 동일시하곤 한다.

친절한 서비스를 경험한 소비자들이 해당 기업을 박하게 평가하는 경우는 극히 드물다. 오히려 여러 번 친절한 서비스를 경험한 소비자들일수록 그에 비례해 충성도가 높아지기 마련이다. 축적된 충성도는 소비자들을 열혈 구매자가 되게 만들며, 해당 기업에 대한 소속감까지 형성하도록 한다.

블루보틀 직원들은 소비자들과 소통이 원활하며 적극적이다. 블루보틀에서 경험하는 친절은 수동적인 친절이라는 색채가 매우 약하다. 어떤 상황에서든 매장 내에 있는 고객에게서 '누군가의 도움이 필요한가?' 하는 신호를 감지하는 순간 직원들 각자가 자발적으로 서비스를 시작한다는 느낌을 준다.

자발적이고 즉각적인 서비스가 작동하기 위해서는 아주 중요하지만 간과하기 쉬운 전제 조건 하나가 있다. 직원들 사이에 충분하고 원활하게 커뮤니케이션이 이루어져야 한다는 점이다.

소통에 기초한 친절을 보여 주는 블루보틀 직원

확실히 블루보틀 매장에서 일하는 직원들은 다르다. 국내 프랜차이즈 커피 매장의 직원들과 비교하면 더욱 그렇다. 무엇이 두드러지게 차이가 날까? 직원들 상호 간에 근무하는 순간순간 이루어지는 커뮤니케이션이다. 블루보틀 매장에서는 직원들끼리 서로 대화하고 의견을 나누는 장면을 자주 목격한다.

모든 커뮤니케이션 주제가 블루보틀이 제공하는 음료나 고객, 서비스에 대한 내용은 아닐 것이다. 하지만 소소하고 작은 일상적인 내용들을 서로 커뮤니케이션하다 보면 고객과 서비스, 제품 관련 주제로 확장되는 것은 지극히 자연스럽지 않을까. 직원 상호 간의 소통이 전제되어야 비로소 고객들에게도 소통에 기반한 친절한 서비스의 제공이 가능하다.

블루보틀의 서비스는 단순한 친절을 뛰어넘어 소통에 기반한 친절이다. 도쿄에 있는 블루보틀 매장 모두에서 필자는 소통에 기반한 친절을 직접 체험했다. 블루보틀의 친절은 지치고 피곤하거나, 스트레스의 덫에 빠져 허우적거리거나, 찰나의 순간이라도 세상의 흐름에서 잠시 비켜나고 싶을 때 작은 위로가 되어 주었다. 이제는 한국에서도 같은 위로를 경험하고 싶다. 다행히 곧 기회가 올 듯해 무척 유쾌하다.

낮은 곳을 향하는 서비스

블루보틀의 서비스는 낮은 곳을 향한다. 낮은 곳을 향한다는 표현은 서비스의 시선이 고객의 가장 낮은 곳에서 시작된다는 뜻이다. 낮은 곳을 향하는 서비스는 두 가지 의미를 내포하고 있다는 점에서 중요하다.

먼저 커피를 제공하는 블루보틀의 관점에서 중요한 의미를 갖는다.

맛있는 커피를 제공한다는 이유로 소비자들에게 종종 자신들만의 독특한 방식을 과도하게 강조하거나 심지어 강요하는 커피 매장들이 있다. 어느 정도 커피를 이해하고 맛을 음미할

고객을 맞이하는 블루보틀 직원

줄 아는 소비자들에 초점을 맞춘 매장들이다. 커피에 관한 어떤 철학을 갖고 있느냐는 매장 고유의 것이니 뭐라 말할 바가 아니다. 하지만 과연 커피가 의식 있고 본연의 맛을 제대로 음미하는 소비자들만의 전유물이어야 할까?

블루보틀은 모든 소비자를 고객으로 동등하게 존중한다. 바로 이 점이 다른 매장과의 차이다. 블루보틀은 고객이 커피에 대해 얼마나 잘 알고 이해하느냐에 따라 차별하지도, 구분하지도 않는다. 높은 수준의 경험과 이해를 가진 고객에게는 그에 부합되는 서비스를 제공한다. 경험과 이해의 수준이 미치지 못하는 고객들에게는 차근차근 커피를 이해하고 경험할 기회를 제공한다. 취향을 만들고 취미를 갖게 하면서 높은 이해와 경험을 갖춘 마니아로 변모하도록 돕는다. 블루보틀이 스타벅스를 넘어 제3의 물결을 선도해 나갈 수단으로 기대를 모으는 '낮은 곳을 향하는 서비스'의 요체이다.

다음으로 소비자들이 바라보는 블루보틀이라는 측면에서도 낮은 곳을 향하는 서비스는 중요한 의미를 갖는다.

어떤 제품이나 서비스, 기업에 대해 형성하고 있는 이미지는 소비자들의 선택에 결정적인 역할을 한다. 너무나 당연한 부분이다. 소비자들이 제품이나 서비스, 기업에 대한 호의적인 이미지를 갖도록 하는 노력이 중요하다는 의미가 아니다. 소비자들이 좀 더 쉽고 친근하게 어떤 제품이나, 서비스, 기업에 접근하도록 만드는 노력이 중요하다는 것이다.

소비자들이 쉽고 편하게 접근한다는 말은 무엇을 뜻할까? 슬리퍼를 신고 아무렇지 않게 가까운 공원을 가듯 블루보틀에 들러 커피 한잔을 마셔도 전혀 어색함이 없는, 땀 흘리는 운동을 하고 시원한 아이스커피 한잔을 마시기 위해 마음 편히 들르는 경우를 의미한다. 블루보틀은 누구의 눈치도 볼 필요 없이 그렇게 할 수 있는 서비스를 제공한다. 소비자 스스로 눈치 보지 않고 당당하다면 그야말로 낮은 곳을 향하는 서비스가 아니고 무엇이겠는가.

BLUE BOTTLE COFFEE

서비스로 소비자의 취향을 저격하다

커피숍에 들렀다. 어떤 커피를 마실까 고민한다. 메뉴판을 한참 바라보면서 어떤 커피가 좋을까 고민한다. 메뉴가 정말 많다. 온도에 따라 구분하면 아이스 메뉴, 따뜻한 메뉴 2가지지만 세분된 메뉴는 특별히 어떤 음료를 마시겠다고 미리 결정해 두지 않으면 선택이 어려울 정도로 많다. 어떤 커피가 좋은지 물어 보고 싶은 마음이 굴뚝같지만 요즘 누가 스타벅스며 커피빈, 카페베네, 탐앤탐스 같은 대형 프랜차이즈 매장에서 추천을 부탁하겠는가. 선택은 오롯이 소비자의 몫이다. '커피를 잘 아는 누가 옆에 있었으면 좋겠다'는 생각을 한 번쯤 해본

스타벅스에서 주문하는 고객들

사람도 있을 것이다.

언제부턴가 커피 매장에서 고객과 종업원들(바리스타 포함) 사이에 대화가 사라졌다. 처음 매장에 들어와 카운터 앞에서 잠깐의 주문 대화가 오갈 뿐이다. 모든 커피 매장이 그렇지는 않아도 대부분이 그렇다. 한국에 있는 대형 프랜차이즈 커피 매장은 거의 예외 없이 건조한 대화만 오간다.

한 대형 프랜차이즈 커피 매장에 고객이 문을 열고 들어온다. 천천히 걸어 들어와 카운터 앞에 서서 메뉴를 살펴본다. 이리저리 메뉴를 살피던 고객이 망설이기 시작한다. 뒤이어 다른 고객이 들어와 눈치가 보이자 먼저 주문하라고 양보한다. 그러기를 두세 차례. 드디어 주문을 한다.

고객 아메리카노 한 잔 주세요.

직원 따뜻한 것으로 드릴까요, 아니면 아이스로 드릴까요?

고객 따뜻한 아메리카노로 주세요.

직원 사이즈는 어떻게 드릴까요?

고객 보통 사이즈로 주세요.

직원 알겠습니다.

보통의 커피 매장에서 우리가 흔하게 접하는 장면이다. 블루보틀 매장에서는 어떨까? 철저하게 필자가 경험한 장면을 묘사해 보겠다. 고객이 블루보틀 매장에 들어간다. 메뉴판 앞에서 잠시 머뭇거리면서 뭔가 도움이 필요한 표정으로 직원을 바라본다. 기다렸다는 듯이 직원이 다가와 대화가 시작된다.

직원 안녕하세요. 날씨가 참 좋죠?

고객 그래서 커피를 마시고 싶어서요. 어떤 커피를 마셔야 할지…….

직원 그러시군요. 어떤 커피를 좋아하세요? 블렌딩 커피와 싱글 오리진 커피 중 무엇이 더 좋으신가요?

고객 그 고민을 하고 있었거든요. 어떤 차이가 있죠?

직원 블렌딩 커피는 여러 가지 커피를 섞어 로스팅해서 평균적인 맛을 낸다고 보시면 되고요. 싱글 오리진 커피는 각각의 커피 원두가 갖고 있는 깊은 맛을 보실 수 있죠.

고객 그럼 오늘은 블렌딩 커피로 주문할게요. 다음에는 싱글 오리진 커피를 맛봐야겠군요. 어떤 맛일지 궁금하네요.

직원 네, 다음에는 싱글 오리진 커피도 한번 드셔 보세요.

위 대화의 핵심은 무엇이고 첫 번째 상황과는 무슨 차이가 있을까? 언뜻 보면 친절 이상의 뭔가가 없어 보이지만, 첫 번째와 두 번째 상황은 엄청난 차이가 존재한다. 첫 번째 상황은 일반적인 커피 매장에서 커피를 구입하는 고객과 판매하는 직원의 전형적인 예에 불과하다. 전혀 새로울 것이 없다. 두 번째 상황은 고객에게 새로운 취향을 일깨워 주는 모습이다. 직원 덕분에 고객이 자연스럽게 싱글 오리진이라는 새로운 취향을 시도해 보리라 예상된다.

아직 없던 취향을 만들어 내고 저격할 수 있다면 가장 훌륭한 비즈니스가 아닐까. 블루보틀이야말로 서비스로 취향을 저격하는 기업이다. 주문에 꼭 필요한 말 외에는 묻지도 답하지도 않는 한국의 프랜차이즈 커피 매장들의 태도가 아쉽다.

BLUE BOTTLE COFFEE

특별한 기대를 갖게 하는 서비스

블루보틀은 맛있는 커피는 물론 훌륭한 서비스로 유명하다. 블루보틀에서 커피를 마셔 본 사람이라면 이구동성으로 하는 말이 "맛있는 커피는 기본이고 직원들도 너무 친절하다"이다. 그만큼 블루보틀의 서비스가 훌륭하다는 방증이다.

블루보틀의 서비스는 고정되어 있지 않고 변화한다는 느낌을 준다. 실제로 고객의 니즈를 찾고 진정으로 원하는 맛과 서비스를 제공하기 위해 고군분투한다. 블루보틀은 서비스를 진화시켜 나가기 위해 지대한 관심과 노력을 기울이고 있다.

보통 소비자들은 뛰어난 제품과 서비스를 제공하는 기업에

극찬을 아끼지 않는다. 한때는 훌륭한 제품과 고객 감동 서비스로 소비자들의 뜨거운 사랑과 지지를 받다가 어느 순간 '예전만 못하다', '한때는 괜찮았는데'라는 평가를 받는 회사도 그에 못지않게 흔하다. 제품과 서비스를 통해 고객 만족을 이끌어 내기가 얼마나 어려운지, 더 나아가 고객 만족을 지속적으로 유지하기가 얼마나 어려운지를 말해 주는 현상이다.

블루보틀 매장에 들를 때마다 기분 좋은 느낌을 갖곤 한다. 오늘은 어떤 커피를 마셔 볼까 혼자 생각을 한다.

'그냥 추천해 달라고 말해 볼까? 어떤 커피를 마시면 좋을지 물어보면 추천해 줄까? 무엇 때문에 그 커피를 추천할까?'

자료 TD경영연구원

고객을 응대하고 있는 블루보틀 직원

직원들에게 각자 해야 할 일이 많다면 제아무리 왕 같은 고객이라도 충분히 응대해 줄 재간이 없지 않겠는가. 기다리는 고객들이 밀어닥치는데 이런저런 질문과 대답을 하면서 대기 시간을 길게 하기는 어렵다. 하지만 블루보틀에는 궁금한 것을 묻고 충분히 설명을 듣는 여유로움이 있다. 그래선지 블루보틀에 오는 고객들은 '오늘은 어떻게 나를 감동시켜 줄까?'라는 기대를 갖는다. 아마도 이런 기대감이 블루보틀을 찾도록 하는 또 다른 요인이 아닐까 여겨진다.

미래가 더욱 기대되는 블루보틀 서비스

현재 블루보틀은 소비자의 기호와 맛을 존중하는 데 그치지 않고 새로운 취향과 맛을 알리기 위해 앞장서고 있다. 그야말로 커피 업계의 혁신 아이콘으로 자리매김하는 중이다. 현재의 블루보틀보다 미래의 블루보틀이 어떤 형태로 소비자들과 접점을 형성해 나갈지 기대가 크다. 이런 점에서 블루보틀은 커피 업계의 애플이라고 불릴 만하다.

애플은 혁신의 대명사다. 아이팟, 아이폰, 아이패드 이후 계속 그랬다. 새로운 제품이 출시될 때마다 어떤 혁신적 요소가 반영되었는지 살펴보는 재미가 쏠쏠했다. 한 회사가 혁신의 아이콘으로 자리 잡으려면 새 제품에 혁신적 요소를 담아 보여 주는 것만으로는 부족하다. 구체적으로 특정 제품에 현실화된 혁신적 요소 외에 다음에 출시할 제품에 어떠한 혁신적 요소가 담길지 기대감을 줘야 비로소 혁신의 아이콘으로 당당히 자리매김한다.

오늘날 혁신을 이끄는 모든 기업들은 현재만이 아니라 미래를 혁신하는 기대를 갖도록 한다는 공통점이 있다. 대표적인 사례로 스페이스X라는 회사가 있다. 한 번 사용했던 발사체를 재사용하는 혁신을 이끌어 낸 회사다.

2017년 3월 30일 미국 항공우주국 나사NASA의 케네디우주센터에서 위성을 탑재한 스페이스X의 팰컨 9 로켓이 발사되었다. 이때 사용된 발사체의 1단 로켓은 2016년 4월 국제우주정거장ISS에 보낸 화물 수송선 드래곤을 발사할 때 사용했던 로켓이었다. 이미 사용했던 로켓을 재사용하는 것은 스페이스X가 최초였다. 그야말로 인류의 우주 개발 역사에 한 획을 긋는 역사적 성취였다.

스페이스X의 성취는 이전보다 진일보한 성취였다. 1단계 추진 로켓의 지상 회수에 성공하고, 로켓을 바다 위 무인선에 착지시키기도 했다. 당시로는 엄청난 사건이었으며, 다음에는 어떤 예상치 못한 성취를 할까 하는 기대가 상당했다. 사람들의 기대를 현실화시킨 것이 2017년 3월의 결과였다. 물론 2017년 3월에도 사람들은 '스페이스X가 다음에는 얼마나 깜작 놀랄 소식을 들려줄까'라고 기대했다.

스페이스X는 2017년 3월 이후 인류에게 놀라운 소식을 전해 주었을까? 이번에도 스페이스X는 기대를 저버리지 않았다. 2018년 2월 6일 역사상 가장 강력한 우주 로켓인 팰컨 헤비의 시험 발사에 성공한 것이다.

팰컨 헤비는 팰컨 9 로켓 3개를 묶어 27개의 엔진을 장착한 로켓이다. 용도도 다르다. 팰컨 9은 인공위성을 발사하거나 국제우주정거장에 화물을 보내기 위해 사용되는 로켓이다. 팰컨 헤비는 대형 위성이나 거대 우주 망원경, 대형 로봇을 화성에 보내는 일을 수행할 수 있는 로켓이다. 인류의 우주 개발 역사에 새로운 지평이 열리고 있다는 평가를 받는 이유이다.

여기서 끝이 아니다. 스페이스X의 엄청난 성취는 인류로 하여금 또다시 새로운 기대를 갖도록 했다. 팰컨 9을 기준으로 대략 5,000~6,000만 달러에 달하는 비용을 100분의 1 수준까지 절감시킬 것이라는 기대이다. 그러면 인류의 우주여행은 눈앞의 현실이 될 수 있다. 사람들이 스페이스X에 열광할 만하다. 그래선지 팰컨 헤비 로켓에 실려 머나먼 우주를 향해 날아가는 테슬라의 전기 자동차가 새삼 주목받고 있다.

스페이스X의 팰컨 9 로켓

팰컨 헤비 로켓

팰컨 헤비 로켓과 함께 우주로 향하는 테슬라의 전기 자동차

블루보틀의 서비스도 자신들의 방식을 고집하면서 꾸준히 진화해 오고 있다. 지금은 소비자들이 블루보틀의 서비스에 열광한다. 하지만 소비자들은 냉정하다. 현재 제공하는 서비스에 만족하지만 동시에 지속적으로 만족스러운 서비스를 제공해 주기를 원한다. 한 발 더 나아가 다음에는 어떤 만족스러운 서비스를 제공해 줄지 기대한다.

블루보틀은 소비자들의 기대에 지혜롭게 대처해 나갈 것이라 본다. 차별화는 보편적인 것에서 도출된다. 모든 소비자들은 각자의 취향을 존중하는 기업, 새로운 기대를 갖게 하는 기업, 기대에 부응하는 기업을 선호한다. 바로 이런 보편적인 특성 때문에 블루보틀이 스타벅스에 필적할 기업이 되리라는 평가가 나오는 것이다.

블루보틀의 차별화 전략

BLUE BOTTLE COFFEE

PART 6

블루보틀을 블루보틀로 만드는 것은 무엇일까? 어려운 질문이다. 우리는 이미 블루보틀에 대해 많은 부분을 살펴보았다. 이쯤이면 나름의 답을 찾았을지도 모르겠다. 필자가 생각하는 답은 '남과 다름'이다. 좀 더 고급스럽게 표현하자면 '차별화'가 아닐까 한다.

여기서 차별화는 경영학 용어이다. 경영학적인 측면에서 차별화란 무엇인지 아주 짧게 정의해 보자. 차별화는 기업이 시장에서 어떻게 경쟁할 것인가에 따라 결정된다. 어느 기업이 경쟁 대상 기업들과는 다른 자신만의 독특한 제품이나 서비스로 어떻게 경쟁할 것인가가 차별화란 뜻이다.

차별화의 원천에 대한 정의

차별화는 형태의 유무에 따라 유형의 차별화와 무형의 차별화로 구분된다. 유형의 차별화란 크기나 무게, 디자인, 컬러, 뛰어난 기술 등 소비자들이 눈으로 직접 볼 수 있는 형태의 차별화이다. 무형의 차별화는 어떤 제품에 대해 소비자들이 어떻게 느끼는가와 관련된다. 해당 제품을 소비했을 경우 얻는 심리적, 감성적, 사회적 차이다. 예를 들어 명품을 소비하는 대표적 요인 중 하나로 손꼽히는 과시적 욕망은 전형적인 무형의 차별화에 속한다.

블루보틀을 블루보틀답게 만드는 것이 차별화가 아닐까? 블루보틀은 이미 유형의 차별화와 무형의 차별화에서 성공적인 모습을 보이고 있다. 맛있는 커피, 원두 본연의 향과 맛에 충실한 독특한 커피는 그 자체로 이미 제품 차별화가 된다. 유형의 차별화가 잘되었다는 뜻이다.

제품 차별화는 소비자들이 품질을 객관적이고 명확하게 판단하기 어려운 경우 구입에 중요한 요인으로 작용한다. 커피 전문가가 아닌 이상 맛있는 커피에 대한 기준을 객관적으로 제시하기란 쉽지 않다. 그럼에도 블루보틀 커피는 맛있는 커피로 차별화에 성공하고 있다.

어쩌면 커피 마니아들이 블루보틀을 더 선호하기 때문일 수도 있다. 하지만 커피 마니아들이 아닌 평범한 커피 소비자들도 블루보틀의 커피 맛에 긍정적인 반응을 내놓고 있다. '블루보틀 커피는 맛있다'라는 주장은 충분한 설득력을 갖는다고 할 수 있다.

한편 블루보틀은 친절한 서비스로도 유명하다. 무형의 차별화에도 성공하고 있다는 의미가 된다. 유·무형의 차별화에 성공했기에 블루보틀을 블루보틀답게 만들어 나가는 것이다.

원두가 다르다

소비자들이 선호하는 커피는 본질적으로 맛있는 커피이다. 모든 프랜차이즈 커피 매장들은 어떻게 하면 소비자들에게 맛있는 커피를 제공할지 고민한다. 대형 프랜차이즈 매장은 아니지만 유명세를 얻은 카페들은 공통적으로 소비자들로부터 맛있는 커피를 만든다는 평가를 받는 곳들이다.

태생적으로 커피는 맛있어야 한다. 제아무리 품질이 좋은 커피라고 주장해도 맛이 없으면 소비자들로부터 외면받기 마련이다. 세상에 맛없는 음료를 좋아하는 사람이 과연 있을까? 맛있는 커피를 추구하는 것은 지극히 당연하다.

블루보틀 역시 맛과 향이 뛰어난 커피를 지향한다. 질 좋은 커피 원두를 확보하기 위한 수고를 마다하지 않는다. 그중에서도 특히 두드러지는 시도는 유기농 원두를 사용하기 위해 노력한다는 점이다. 실제로 블루보틀이 로스팅하는 커피의 약 85% 정도가 유기농 인증을 받은 원두이고, 로스터리도 유기농 인증을 받은 시설이라고 한다.

유기농 인증이 말로는 쉬워 보여도 그리 간단하지 않다. 우선 돈이 많이 든다. 커피 원두를 재배하는 농장이 유기농 인증을 받으려면 적지 않은 비용이 소요된다.

자료 블루보틀커피(bluebottlecoffee.com)

원두 재배에 필수적인 물도 유기농 인증 규정에 적합하게 처리해야 한다. 돈보다 귀찮고 힘든 조건이 유기농 인증 규정에 적합하게 물을 처리하는 것이다. 농작물 재배를 조금이라도 이해하는 독자라면 제때 물을 공급하는 단계를 넘어 규정에 맞도록 물을 관리하기가 얼마나 어렵고 수고스러운지 충분히 공감할 것이다.

마지막으로 원두를 재배하는 과정에서 환경을 파괴하지 않았다는 사실을 서류상으로 입증해야 한다. 커피 원두가 재배되는 지역들은 거의 대부분 선진국이 아니지만, 선진국 수준의 환경 요건을 충족해야 하는 것이다.

이와 같은 과정을 모두 거쳐야 비로소 유기농 커피라는 인증을 받는다. 필연적으로 커피 원두의 가격이 상승한다. 원두를 구매하는 커피 회사들의 원가도 상승한다. 비용 절감이 중요하지 않은 기업이 있을까? 블루보틀은 많은 비용을 감수하면서도 유기농 인증을 받은 커피 원두를 구매하고 있다. 현재 블루보틀은 블렌딩 커피에는 인증받은 원두만을 사용하고, 싱글 오리진 커피에도 최대한 인증받은 원두를 사용하기 위해 노력 중이다.

자본주의 사회는 좋은 제품을 만들기 위해 지나치게 집중하는 경향을 보여 왔다. 제품을 만드는 과정에서 자연을 파괴하는데도 말이다. 오늘날 세계 각국은 대가를 혹독하게 치르고 있다. 환경을 배려하는 블루보틀의 노력은 큰 의미가 있다. 블루보틀은 향미가 뛰어난 커피에 집중한다. 그러면서 환경을 지켜 나가기 위한 노력을 게을리하지 않는다. 이 과정에서 원가가 상승해 일정 수준 이상의 판매 이익은 포기해야만 한다. 블루보틀은 이를 기쁘게 받아들인다. 이처럼 착한 회사가 블루보틀이다.

로스팅이 다르다

맛있는 커피를 추출하려면 좋은 품질의 커피 원두를 확보하는 것이 중요하다. 그럼 좋은 커피 원두만 있으면 맛있는 커피를 추출할 수 있을까? 정답은 '그럴 수도 있고, 그렇지 않을 수도 있다'이다. 참 애매한 답이지만 그럴 수밖에 없는 이유가 있다. 좋은 품질의 커피 원두가 반드시 맛있는 커피를 보장하지는 않기 때문이다. 왜 그럴까?

농장에서 수확한 원두로 직접 커피를 추출해서 마신다면 '좋은 원두=맛있는 커피'라는 공식이 성립할 수도 있다. 현실은 그렇게 단순하지 않다. 원두 수확에서 최종적으로 커피를 추출하는 단계까지를 단순화하면 다음과 같은 과정을 거친다. '원두 수확 → 로스팅 → 커피 추출'이다. 좋은 원두는 맛있는 커피를 추출하기 위한 중요한 출발점이기는 해도 전부는 아니다. 좋은 커피 원두를 확보한 이후 다음 단계인 로스팅이 잘 이루어져야 한다.

맛있는 커피 추출에 있어 정말 중요한 단계는 로스팅일지도 모른다. 커피 장인들은 자신만의 독특한 로스팅 비법을 갖고 있다. 덕분에 독특하고 맛을 자랑하는 커피를 추출해 낸다.

블루보틀도 최종적으로 맛있는 커피를 추출하기 위해 로스팅이 얼마나 중요한 과정인지 충분히 인지하고 있다. 그래서인지 블루보틀은 지나치게 섬세하다 싶을 정도로 로스팅 과정에 심혈을 기울인다. 커피 원두에서 블루보틀이 원하는 맛을 이끌어 내기 위함이다.

블루보틀이 로스팅에서 생각하는 포인트는 무엇일까? 블루보틀 창업자인 제임스 프리먼에 따르면 '단맛이 감돌면서 기분 좋은 맛과 향에 더해 복합적인 쓴맛이 어우러지기 시작하는 수준'이라고 한다. 어떻게 하면 그가 말한 복합적인 맛을 이끌어 낼까?

질문 자체가 간단하지 않아서 답을 찾기도 복잡다단하다. 블루보틀의 로스팅은 매우 정교하다. 또한 동일한 과정을 반복해야만 한다. 모든 과정을 거쳐야만 비로소 우리가 맛보는 맛있는 블루보틀 커피가 탄생한다.

다음은 블루보틀이 어떻게 로스팅을 하는지에 관한 내용이다. 모든 과정을 일일이 관찰한 것은 아니다. 다양한 언론 보도, 블루보틀 홈페이지, 관련 책자 등을 정리한 내용이니 참고하기 바란다.

블루보틀은 독일 프로밧 회사의 구형 드럼 로스터기로 원두를 로스팅한다. 창업자인 제임스 프리먼의 철학이 반영된 사항이다. 제임스 프리먼은 저서 《The Blue Bottle Craft of Coffee》에서 "훌륭한 로스터란 단순하지만 오래가는 로스터기로 좋은 커피를 오랫동안 로스팅하는 사람"이라고 정의했다. 블루보틀은 오래되고 덩치 큰 단순한 로스터기로 묵묵히 과거의 로스터들처럼 맛있는 커피를 생산하기 위해 노력한다.

프로밧의 드럼 로스터기

블루보틀이 세월의 무게가 담긴 품격 높은 독일산 프로밧 로스터기로 로스팅하는 과정을 원두 확보 단계부터 단순화해서 정리하면 다음과 같다.

1단계 재배된 커피를 눈으로 확인한다.

2단계 적절한 커피를 계약한다.

3단계 배송된 커피를 확인한다.

4단계 로스팅을 한다.

5단계 커핑을 한다.

6단계 로스팅 프로파일을 작성한다.

7단계 5단계와 6단계 절차를 반복해 괜찮은 로스팅 프로파일을 선택한다.

8단계 7단계에서 선택한 로스팅 프로파일에 따라 로스팅을 한다.

블루보틀은 특히 로스팅 프로파일의 선택에 심혈을 기울인다고 한다. 커피 원두가 갖고 있는 향과 맛을 결정하는 가장 중요한 과정이라고 보기 때문이다. 따라서 7~8단계 과정을 반복하는데, 이 과정이야말로 시간과의 싸움이어서 어렵다. 블루보틀은 그 과정을 기꺼이 반복한다. 원두가 로스팅 과정을 거쳐 향미를 자랑하는 커피가 되기까지.

커피를 추출하는 사람이 다르다

좋은 원두 선정, 원두 품종에 적합한 로스팅을 거쳐야 맛있는 커피가 만들어진다고 이미 언급했다. 이 과정들을 모두 성공적으로 거쳤다고 해도 마지막 단계를 잘못 거치면 맛있는 커피는 요원해진다. 마지막 단계는 바로 커피 추출이다.

커피 추출 과정은 중요하지만, 그만큼 힘들고 어려울 것이라고 생각하면 곤란하다. 과정 자체보다 과정을 주도하는 사람, 즉 커피 추출을 하는 주체가 누구냐에 따라 커피 맛이 완전히 달라진다. 우리는 커피를 추출하는 사람을 바리스타라고 부른다. 바라스타가 얼마나 능숙하고 정밀하게 추출하느냐에 따라 커피 맛은 극과 극을 달린다.

소비자들은 커피 매장에서 바리스타들이 추출해 주는 커피를 마신다. 다른 분야와 마찬가지로 바리스타들도 숙련도에 차이가 있기 마련이고, 숙련도는 경험과 밀접하게 연결된다. 이 경험의 차이로 인해 커피 매장별로, 심지어 같은 매장 내에서도 어떤 바리스타가 추출했느냐에 따라 커피 맛이 크게 달라지곤 한다. 좋은 원두, 원두의 특성에 부합되는 최적의 로스팅과 함께 경험이 풍부한 바리스타가 커피 맛을 결정하는 중요한 요소인 것이다.

블루보틀은 경쟁력 높은 바리스타를 확보하고 있다. 자신들만의 방식으로 바리스타들에게 좋은 경험을 쌓을 다양한 기회를 제공한다. 블루보틀의 바리스타들은 새로운 커피 원두가 들어오면 함께 로스팅한다. 로스팅한 원두를 함께 커핑도 한다. 이를 통해 바리스타들은 각각의 커피 원두가 어떤 맛과 향을 자랑하는지를 단순한 지식이 아닌 눈, 코, 입 등 온몸으로 경험한다.

블루보틀이 바리스타들에게 제공하는 기회는 일시적인 이벤트가 아니라 일상적이다. 따라서 블루보틀의 바리스타들은 맛있는 커피를 추출하는 능력이 뛰어나다. 블루보틀 커피가 맛있다는 평판은 차별화된 바리스타들에 힘입은 바가 크다.

분위기가 다르다

사람의 뇌리에 각인된 제품, 서비스에는 고유한 분위기가 담겨 있다. 소비자들이 어떤 제품, 서비스를 소비하는 이유는 만족을 얻고자 함이다. 이때 소비자들이 느끼는 만족은 단순히 하나의 단어로만 표현하기에는 많이 부족하다. 소비자들이 만족감을 느끼는 요소들이 참으로 다양하기 때문이다.

어떤 제품이나 서비스의 소비를 통해 느끼는 만족 중 가장 구체적으로 표현하기 힘든 것은 무엇일까? 바로 분위기가 아닐까 생각한다. 어떤 카페에서 마음에 드는 분위기를 느꼈다고 하자. 동일한 카페를 다시 방문한다 해도 계절이나 요일, 시간,

자료 www.flickr.com

샌프란시스코 페리 빌딩 블루보틀

날씨에 따라 많은 차이가 생기기 십상이다.

샌프란시스코의 페리 빌딩에 위치한 블루보틀은 편안하면서도 왠지 한가로운 분위기를 자아내는 느낌을 받기 쉽다. 물론 언제 어떤 상황, 어떤 기분으로 방문하느냐에 따라 느껴지는 분위기는 서로 다르겠지만 대체적인 분위기는 크게 다르지 않다. 이곳은 테이블의 배치나 공간 활용 측면에서 도시적인 듯하면서도 도시 같지 않은 여유로움이 묻어난다. 이것이 블루보틀의 분위기이다.

블루보틀의 분위기가 모든 매장에서 획일적이지는 않다. 일본의 블루보틀 매장에서는 샌프란시스코의 페리 빌딩에 위치한 블루보틀과는 또 다른 분위기를 자아낸다. 다음 사진은 도쿄의 나카메구로 매장이다. 샌프란시스코 지역과는 조금 다른 분위기임을 한눈에 알 수 있다.

우선 나카메구로 매장은 사람들이 엄청나게 많고 차량 통행도 많은, 말 그대로 상권이 크게 발달한 곳과는 다소 거리 먼 곳에 자리하고 있다(도쿄의 블루보틀 매장 중 상권이 좋은 곳에 자리한 매장은 2~3곳에 불과해 보인다). 건물 외관을 보면 블루보틀 커피와 절묘하게 조화를 이룬다는 생각이 든다. 사선으로 건물이 지어져 있어 활용도 면에서 높은 점수를 주지 못하는 건물이지만, 오히려 새로운 라이프스타일을 추구하는 블루보틀의 이미지와

도쿄 나카메구로 블루보틀

더 잘 어린다.

더불어 굳이 "블루보틀이 여기 있소!"라고 강조하지 않는다는 인상을 준다. 그래도 소비자들은 부지런히 찾아와 운치 있게 커피를 마신다. 그야말로 블루보틀 고유의 분위기를 활용한 차별화 전략이 아닐까. 자신만의 독특한 분위기를 만들어 다른 커피 매장들과 차별화하고 있으니까 말이다.

공간 활용이 다르다

블루보틀은 공간적 만족감을 제공한다. 다른 커피 매장과 비교해도 블루보틀이 제공하는 공간적 만족감은 매우 탁월하다. 다른 커피 매장에 비해 개별 매장의 면적이 압도적으로 크지도 않다. 엄밀히 말하면 블루보틀 매장은 스타벅스나 커피빈 같은 매장들보다 오히려 작은 규모인데도 매장을 방문한 소비자들에게 공간적 만족감을 준다. 대체 비결은 무엇일까? 비결은 공간 활용이다.

블루보틀 매장은 의자와 테이블이 여타 커피 매장에 비해 휑하다고 느껴질 정도로 여유롭게 배치되어 있다. 어느 매장을 방문하든 비슷하다. 한 명의 고객이라도 더 받기 위해 조금이라도 공간이 남으면 어떻게 해서든 활용하려는 커피 매장들과는 분명 다른 행보다. 작은 공간을 알차게 활용하기로는 세계 제일이라고 평가받는 일본 내에서도 매우 이례적인 모습이다.

공간적 만족감을 제공하는 블루보틀 매장

자료 LG경영연구원

나카메구로 매장의 여유로운 공간 배치

공간적인 여유로움은 블루보틀을 찾는 고객들의 마음도 여유롭게 만든다. 메뉴를 주문하기 위해 기다리는 사람들이나 주문한 커피를 기다리는 사람들 모두 기다림에 지친 짜증의 눈빛을 찾아보기 힘들다. "조금 더 기다려도 괜찮다. 정갈하게 진열된 커피를 구경하고, 파랑색 머그컵이며 에코백을 구경해도 좋다. 자주 소중함을 잊어버리는 따뜻한 햇살을 만끽해도 좋다. 지금의 여유로움이 얼마나 소중한가!"라고 말하는 듯하다. 아마도 여유로움을 공간 속에 알차게 채워 넣은 블루보틀의 다정다감한 철학에서 비롯되었으리라.

햇빛을 대하는 자세가 다르다

블루보틀 매장이 자연환경 면에서 공통적으로 보이는 특징이 하나 있다. 어느 블루보틀 매장(역사에 위치한 경우는 예외)을 가든 느껴진다. 환한 햇빛을 어디서든 접할 수 있다는 점이다.

키요스미 시라카와 매장은 넓은 창문 사이로 조명을 초라하게 만드는 햇빛이 빛나게 비치고 있다. 아무리 우울한 날에 찾을지라도 저토록 밝고 환하게 비치는 햇빛을 맞으면 훌훌 털어 낼 것 같다. 추운 겨울날에는 따뜻하게, 무더운 여름날에는 시원하게 커피 한잔 마시면서 환하고 밝은 햇빛을 바라보면 직장이나 학교에서 받은 스트레스를 극복해 낼 용기를 얻지 않을까?

산겐자야 매장은 어떤가? 매장 양쪽으로 길게 통으로 된 창을 통해 햇빛이 그야말로 마구마구 쏟아진다. 산겐자야 매장에서 필자는 단순하지만 매우 감각적인 유리잔에 담긴 싱글 오리진 커피를 마셨다. 한겨울의 도쿄였지만 따사로운 햇빛 아래에서…….

도쿄의 겨울은 한국의 겨울과는 사뭇 달랐다. 이국에서 경험한 겨울은 정말 추웠다. 이방인에게는 기온과는 다른 추위를 선사하는 듯했다. 그 추위 속에서 방문한 산겐자야 매장이었다. 작지만 엣지 있는 유리잔에 담긴 검은색 싱글 오리진 커피가 햇빛을 받으니 자주색처럼 보였다. 나도 모르게 감탄사가 흘러나왔다. 한참을 바라만 보았다. 이대로 그냥 마셔 버리기엔 너무 아깝다는 생각이 들었다. 한동안 시간이 흐르고 나서야 한 모금씩 싱글 오리진 커피를 마실 수 있었다.

계절과 어울리지 않는 따사로운 커피가 감성을 뒤흔든 것 같다. 시간이 흐르고 계절도 바뀌었지만 블루보틀 산겐자야점에서 맛본 싱글 오리진 커피를 기억한다. 햇빛 속에서 나에게 찾아온 따뜻한 한 잔의 커피가 추억이 된 것이다.

블루보틀 키요스미 시라카와 매장

블루보틀 산겐자야 매장

감각적인 잔에 담긴 싱글 오리진 커피

햇빛은 추억을 만들고 사랑을 완성하며 소중한 경험을 선사한다. 그래서일까? 블루보틀이 유독 햇빛이 작렬하는 곳에 매장을 출점하는 이유가?

BLUE BOTTLE COFFEE

작은 것에 큰 의미를 담는다

블루보틀은 소비자의 선호를 존중한다. 그럼에도 다른 커피 매장들과 달리 스스로 소비자의 선택권을 제한하는 경우가 있다. 대표적인 것이 커피를 제공하는 용기의 크기이다. 예를 들어 스타벅스 매장은 아메리카노 커피를 쇼트Short, 톨Tall, 그란데Grande, 벤티Venti로 나눠 판매한다. 동네 커피 가게조차 스몰Small, 라지Large 사이즈로 구분해 판매한다. 반면 블루보틀은 오직 한 가지 용량으로만 판매한다.

아메리카노를 예로 들어 보자. 아메리카노는 에스프레소에 물을 섞어 만든다. 이때 에스프레소와 물의 비율을 적절하게

맞추는 것이 중요하다. 블루보틀은 무수한 반복과 연구를 통해 가장 맛있는 에스프레소와 물의 비율을 찾아내 적합한 용기를 결정했다.

블루보틀이라고 좀 더 큰 이익을 추구하고 싶지 않을까? 세상에 이익을 싫어하는 기업은 없다. 블루보틀도 이익을 중요하게 고려하는 영리 기업이다. 하지만 블루보틀은 큰 사이즈의 용기에 담긴 커피를 판매해 많은 이익을 얻으려고 하지 않는다. 그들에게 큰 사이즈의 용기에 담긴 커피는 이익을 추구하는 자연스러운 선택의 문제가 아니다. 눈앞의 이익에 쫓겨 자신들만의 철학을 포기하는 것을 의미한다. 블루보틀의 철학 덕분에 소비자들은 맛있는 커피를 마실 수 있다.

블루보틀의 원두 판매 방식도 고집스러워 보이면서 나름의 깊은 의미를 담고 있다. 커피 원두를 판매하면서도 블루보틀은 소비자의 편리함을 외면하고 있다. 보통의 매장들은 소비자들이 집에서 편리하게 커피를 내려 마시도록 미리 알맞게 분쇄한 원두를 판매한다. 블루보틀은 분쇄한 원두를 판매하지 않는다. 당연히 왜 블루보틀만 분쇄한 원두를 판매하지 않느냐는 애교 섞인 항의를 받아도 자신들의 철학을 지켜 나간다.

왜 블루보틀은 분쇄한 원두를 판매하지 않을까? 분쇄한 원두가 그렇지 않은 원두보다 산패가 빨리 진행되기 때문이다. 에스프레스용으로 분쇄한 원두는 2분이 지나기도 전에 활력을 잃는다. 비록 에스프레스용보다 굵게 분쇄한 원두라도 고유의 맛과 향이 유지되는 시간은 1시간 남짓에 불과하다. 분쇄한 원두를 집에서 내리면 맛없는 커피를 마셔야만 한다는 의미이다. 그래서 블루보틀은 분쇄한 원두를 판매하지 않는다. '정성들여 재배한 유기농 원두를 특성에 맞게 로스팅했는데 소비자들이 맛없는 커피를 마시게 할 수는 없다'는 것이다.

블루보틀은 작은 것 하나하나에도 고객들에게 꼭 전달되기 원하는 소중한 의미를 담는다. 고객들이 마시는 커피 잔을 하나로 통일한 것, 분쇄하지 않은 원두만 판매하는 것, 매장 내에서 충전 콘센트를 찾기 어려운 것 등은 모두 소비자들이 보다 더 커피를 맛있게 즐기기 바라는 마음을 담은 선택이다. 비록 소비자들은 작은 불편을 감수해야 하지만 말이다.

블루보틀의 출점 전략

BLUE BOTTLE COFFEE

PART 7

자료 블루보틀커피(bluebottlecoffee.com)

전 세계 블루보틀 매장 위치도

블루보틀은 확고한 원칙과 기준에 따라 출점 여부를 결정한다. 그중 가장 중요하게 지켜 나가는 것은 반드시 직영을 원칙으로 한다는 점이다. 블루보틀이 출점한 지역을 국가별로 살펴보면 미국과 일본 두 나라뿐이다. 매장 수는 52곳에 불과하다. 이처럼 아직까지 글로벌화가 더디게 진행되는 이유는 블루보틀의 직영 전략에서 찾을 수 있다.

전 세계 블루보틀의 매장 위치도를 다시 한 번 꼼꼼하게 살펴보기 바란다. 전 세계 매장이 52곳에 불과하면서도 커피 마니아들에게 엄청난 사랑을 받는 블루보틀이 직영점이 아닌 합작 법인 형태로 세계화를 적극 추진했다면 어땠을까? 아마도 우리나라에도 많은 점포가 자리 잡았을 것이다. 실제로 국내 굴지의 기업들이 블루보틀의 철학과 커피 맛을 알아보고 여러 차례 협업을 타진한 바 있다. 그때마다 블루보틀은 정중하게 사양했다. 자신들의 출점 전략과 부합되지 않기 때문이다.

블루보틀은 왜 그토록 직영점 형태로만 출점하겠다는 철학을 고집할까? 블루보틀은 다음과 같이 대답한다.

“많은 기업들이 상품을 바꾸고 이익을 늘리는 지름길을 선택한다. 그것은 블루보틀이 생각하는 방식이 아니다. 블루보틀은 커피의 맛, 친절, 지속 가능성이 가장 중요하다고 생각한다.”

많은 기업들이 글로벌화를 부르짖으며 적극적인 해외 사업을 추진하지만, 자신들의 철학을 유지하면서 소비자들이 만족할 수준의 제품과 서비스를 제공하는 경우는 드물다. 빠르게 규모를 확대할 수는 있어도 속도에 맞춰 제품과 서비스의 질도 함께 유지해 나가기가 어렵다는 방증이다. 블루보틀은 현실적인 어려움을 극복할 준비가 될 때까지 충분하게 내실을 다지는 쪽을 선택한 것이다.

블루보틀의 선택은 대단해 보인다. 기회가 충분히 있었다. 세계 각국의 이름만 대도 알 만한 기업들과 합작 형태로 얼마든지 글로벌화를 이뤄 낼 기회가 많았다. 하지만 경제적 이익을 뒤로하고 자신들의 철학을 올곧게 지켜 내고 있다. 어쩌면 블루보틀의 철학이 네슬레를 움직인 가장 큰 이유가 아닐까 생각한다. 10년, 100년 후에도 블루보틀이 자신들의 철학을 지켜 나갈지 우리는 모른다. 다만 현재 모습을 통해 미래를 바라본다면 100년 후에도 현재의 모습을 지켜 나가지 않을까 조심스럽게 예상해 본다.

BLUE BOTTLE COFFEE

단순한 매장 이상을 원한다

블루보틀 입장에서 하나하나의 매장은 어떤 의미일까? 소비자들이 생각하는 블루보틀 매장과는 의미가 비슷할까? 아마도 아닐 것이다. 시장은 냉정하다. 종종 비합리적인 모습을 보이지만 결국에는 무서울 정도로 합리적인 선택을 한다. 시장에서 블루보틀과 만나는 소비자들은 냉정하다. 자신들의 만족이 중요하고 자신들이 선호하는 선택을 해야 비로소 행복감을 느낀다.

아무리 블루보틀이 소비자들을 존중하고 배려한다 할지라도 자신들의 존립 기반이 튼튼하지 않다면 아무 의미가 없다. 블루보틀도 기업이라는 이름을 갖고 있는 한 자본주의 시장에서 활동하는 경제 주체다. 냉정하기는 소비자와 별 차이가 없다.

그러나 블루보틀은 다른 기업과는 조금 다른 면이 있다. 냉정하면서도 열정적인 모습을 함께 보여 준다는 점이다. 마치 영화로도 옮겨진 소설 제목인 '냉정과 열정 사이' 같다. 냉정과 열정은 말 그대로 서로 반대되는 개념이 아닌가. 공존하기 어려운 냉정과 열정이 절묘하게 조화를 이룬 기업이 블루보틀이다. 이해하기 쉽게 예를 들어 설명해 보자.

이익을 추구하는 기업은 좋은 상권에 투자하기를 원한다. 그래야 높은 이익을 창출한다. 블루보틀은 처음부터 좋은 상권에 출점하기를 단호하게 거부한다. 분명 냉정하게 이익을 추구하는 기업의 모습과는 상당히 거리가 있다.

다음으로 지역 정서와 하나가 되기를 즐긴다는 점도 주목할 만하다. 글로벌 프랜차이즈들은 자신들이 출점한 매장이 중심이 되어 거침없이 지역 내 소비나 문화 트렌드를 바꾸려고 시도한다. 이와는 매우 대조적으로 블루보틀은 기꺼이 지역과 동화되기 위해 노력한다. 이면 도로에 출점하고, 작은 간판을 사용하며, 있는 듯 없는 듯 조용한 분위기를 조성한다. 그야말로 지역 문화와 동화되기 위한 노력이 아니고 무엇이겠는가.

물론 불편할 때도 있다. 출점한 지 얼마 안 되는 블루보틀 매장을 찾아간다면 꽤나 발품을 팔아야 할지도 모른다. 이미 출점하고 상당한 시간이 흐른 매장이라도 처음 방문한다면 어느 정도 발품 파는 수고를 감수해야만 한다. 그래도 일단 블루보틀 매장을 찾아가다 보면 나도 모르게 불평이 사라진다. 지역과 하나가 되어 호흡하는 공동체인 블루보틀이 반갑게 나를 반길 것이라는 설레임이 솟아나기 때문이다.

블루보틀 매장은 단순한 점포 이상이다. 지역의 문화요 사랑방인 동시에, 아주 오래전부터 뿌리내린 착한 동네 사람 같은 존재가 블루보틀이다.

BLUE BOTTLE COFFEE

문화를 마시는 곳이어야 한다

일본 도쿄의 블루보틀 매장은 문화가 살아 숨 쉬는 곳에 자리 잡고 있다. 미국의 매장도 비슷하다. 독특한 의미가 있는 곳에 출점해 있다. 도쿄의 시나가와 매장처럼 철도 역사 안에 입점한 경우도 있지만 아직까지는 예외적이다.

블루보틀 매장은 본질적으로 화려함을 거부하는 듯 보인다. 처음부터 상권이 엄청난 곳이나 유동 인구로 가득 넘쳐 나는 지역은 사절이다. 그보다는 오히려 이면 도로나 상가들이 곳곳에 있더라도 월세나 권리금이 그다지 높지 않은 곳에 위치한다.

산겐자야 매장 인근의 운치 있는 거리 모습

오모테산도 매장 인근의 거리 모습

오모테산도 매장이나 산겐자야 매장 등 일본 내 블루보틀 매장(역사 내에 입지한 매장은 제외)은 모두 한적하고 따사로우며 여유로움을 자랑한다는 특징이 두드러진다. 심지어 롯폰기 매장조차 예외가 아니다. 그래선지 블루보틀 매장은 커피를 판매하기보다 악기를 연주하고 그림을 그리고 조각을 하는 것이 더 어울리는 곳이라는 생각이 든다. 그만큼 문화적 감수성이 뛰어나다.

어쩌면 이런 곳을 발견할 수 있을까? 그것도 한결같이? 블루보틀은 다음처럼 주장하고 싶은가 보다.

"커피를 마시면서 문화를 호흡하면 영혼의 바닥까지 내려갈 수 있다. 그렇게 함으로써 사람은 깊은 영혼의 울림을 경험한다. 커피는 문화를 마시는 곳, 문화를 호흡하는 곳에 있어야 한다."

고객의 편의성은 절대 포기하지 않는다

블루보틀 매장을 찾으려면 예상외로 발품을 필요로 한다. 여기에는 나름의 철학이 담겨 있어서 소비자들은 조금 불편을 감수하고서라도 블루보틀을 아끼고 사랑한다. '조금 더 걸으면 어떻단 말인가. 결국 블루보틀에 도착해 맛있는 커피를 마시면 그만이거늘……'이라는 생각이라도 하는 듯하다. 이쯤 되면 진짜 착한 소비자들만 블루보틀을 방문하는가 싶은 착각이 들 정도다. 하지만 감탄하지 마시라. 세상에는 한없이 착하기만 한 소비자는 존재하지 않는다.

분명 블루보틀 매장을 방문하기 위해서는 어느 정도 발품이 필요하다. 그 발품이 온전히 소비자들만 일방적으로 감내해야만 하는 수고스러움일까? 아니다. 눈에 두드러지지 않을 뿐 블루보틀은 꼼꼼하고 세심하게 소비자들의 편의성을 배려하고 있다. 어떤 점에서 그럴까?

첫째, 비록 상권이 좋아서 많은 사람들이 자주 찾는 입지는 아닐지라도 교통 접근성이 편리한 곳에 매장을 출점한다. '다소 불편한 곳=대중교통 접근성이 나쁜 곳'을 의미하지는 않는다. 적어도 블루보틀에는 그런 공식이 성립하지 않는다. 단지 1급 상권에 위치하지 않아 다른 프랜차이즈 매장들보다 조금 더 발품이 필요할 뿐이다.

둘째, 충분히 도보로 이동이 가능하고 지도(특히 구글 지도 앱)만 있으면 누구나 헤매지 않고 매장을 찾을 만한 곳에 출점한다. 지금껏 필자는 블루보틀 매장을 찾다 포기했다는 사람을 만나 보지 못했다.

셋째, 매장을 찾아가는 길이 익숙하지 않더라도 이쯤이면 블루보틀 매장이 있을 것 같은 분위기가 느껴지는 곳을 발견하는 순간 놀랍게도 근처에 매장이 있다. 굳이 어떠한 곳에 매장을 출점한다는 정보를 제공하지 않아도 한두 번 블루보틀 매장을 방문한 소비자라면 누구나 나름의 특징을 어렵지 않게 파악할 수 있다.

블루보틀은 자신들의 철학을 지켜 나가면서도 고객의 편의성을 절대 포기하지 않는 곳에 매장을 출점한다. 이 또한 블루보틀의 철학이 아닐까.

오랫동안 관찰하고 숙고한다

블루보틀은 홈페이지와 SNS를 활용해 소비자들과 적극적으로 소통한다. 다음은 블루보틀의 인스타그램을 캡쳐한 그림이다. 블루보틀 창업주인 제임스 프리먼이 올드 오클랜드 파머스 마켓의 15주년을 기념하기 위해 방문한 것을 알리는 내용이다. 국내 기업이 SNS로 창업주의 일거수일투족을 세세하게 알리기란 상상조차 어렵다. 블루보틀은 다르다. 소비자들과 소통하기 위해 적극적으로 SNS를 활용한다.

블루보틀은 고객과의 소통만이 아니라 중요한 경영상의 의사 결정에서도 SNS와 홈페이지를 적극적으로 활용하고 있다.

자료 블루보틀 인스타그램(www.instagram.com/bluebottle)

그것도 아주 꾸준하고 지속적으로.

2017년 블루보틀 CEO인 브라이언 미한이 서울 코엑스에서 열렸던 '제6회 월드 커피 리더스 포럼'에 참여했다. 당시 그는 블루보틀의 한국 진출을 고민 중이라고 말했다. 웹사이트에서 블루보틀 커피를 가장 많이 검색하는 사람들이 한국 사람들이라는 점, SNS나 홈페이지를 찾는 한국 사람들이 많다는 점, 블루보틀 매장에 늘 최소 4명 이상의 한국 소비자들이 있다는 점 등을 이유로 들었다.

브라이언 미한은 한국 소비자들을 정확히 파악하고 있다는 것도 은연중에 내비쳤다. 그는 한국 사람들의 대표적인 특징으로 '고품질 제품과 서비스에 대한 수요가 크다는 점', '새로운 것을 주저하지 않는 혁신적인 모습을 보인다는 점' 등을 제시했다.

재미있는 사실은 한국 사람들의 특징이 블루보틀의 경영 철학과 절묘하게 맞아떨어진다는 점이다. 한국 사람들의 특징이 자신들의 경영 철학과 잘 맞아서 매장을 출점해도 성공적으로 자리매김할 것이라는 사실을 어쩌면 오래전부터 알고 있었는지도 모른다. 그런데도 그저 오랫동안 숙고하며 관찰만 하고 있었다. 새로운 매장을 출점하는 방식에서도 블루보틀 특유의 느림의 미학을 지켜 나간다는 것이 참으로 대단하다는 생각이 든다.

BLUE BOTTLE COFFEE

블루보틀을 이해하는 고객이 있는 곳에 출점한다

왜 블루보틀은 미국과 일본 두 나라에만 집중했을까? 미국이야 블루보틀이 태동하고 성장한 국가다. 블루보틀 입장에서 모국인 미국은 익숙한 소비자들과 경쟁 기업이 있는 시장이다. 곧 자신들을 잘 이해해 주는 고객들이 많은 시장이라는 뜻이다. 어떤 기업이든 자신들을 잘 이해해 주는 소비자들이 있고, 익숙한 경쟁 환경에서 성장하기를 원한다. 그만큼 성공 가능성이 높기 때문이다.

반면 해외 시장 진출은 제아무리 자국 내에서 뛰어난 역량을 자랑하는 기업일지라도 녹록하지 않은 도전이 되곤 한다.

아름다운 시애틀 전경

국내 굴지의 유통 대기업인 롯데마트, 이마트가 중국 시장에서 철수한 사실을 통해서도 분명하게 확인된다. 가급적 기업들은 조금이라도 자신들이 활동하는 국내 시장과 익숙한 환경을 갖춘 해외 시장에 진출하려고 한다.

블루보틀이 미국에 이어 일본에 매장을 출점한 것은 일반적인 기업들과는 다른 선택이다. 여러 가지 측면에서 일본보다는 유럽이 좀 더 미국과 유사한 시장과 경쟁 환경을 갖추고 있기 때문이다. 바로 여기서 궁금증을 갖지 않을 수 없다. 도대체 왜 블루보틀은 일본을 선택했을까?

답은 블루보틀의 창업자인 제임스 프리먼이 언급한 내용에서 찾아진다. 제임스 프리먼은 '일본의 커피를 대하는 자세',

도쿄 진보초 전경

'에스프레소 머신으로 대표하는 스피디하고 평균적인 맛 대신 사이폰, 핸드 드립 등 천천히 본질에 충실하고자 하는 커피 문화'에 매료되었다고 말한 바 있다. 그는 매년 일본을 방문해 커피를 탐구하는 문화를 연구하며 즐기고 있다.

문화는 소비자들의 수준을 결정한다. 일본은 높은 수준의 커피 문화가 형성되어 있다. 게다가 블루보틀이 커피에 대해 갖고 있는 철학과 아주 유사한 문화이다. 이것은 과연 무엇을 의미할까? 자신들이 가지고 있는 철학을 일본의 커피 문화에 잘 녹여내기만 한다면 미국 시장에서처럼 충분히 성공할 수 있다는 뜻이 아닐까?

블루보틀은 고집이 있다. 자신들만의 방식으로 소비자들을 배려하고 존중한다. 또한 무엇보다 선행하는 고집이 하나 더 있다. 돈이 된다면 어디든 출점하기보다 블루보틀의 철학을 이해할 소비자들이 있는 곳에만 출점한다는 고집이다.

블루보틀의 한국 진출은 그런 점에서 의미가 있다. 블루보틀의 고집과 철학을 이해하는 소비자들이 많다고 인정한 것이다. 삼청동, 연남동, 한남동, 홍대, 합정동은 물론 인천 차이나타운, 전주 한옥 마을 같은 곳도 블루보틀의 철학과 문화에 잘 부합되는 곳이다. 이들 지역에도 블루보틀 매장이 출점함으로써 보다 많은 소비자들이 블루보틀을 경험할 날이 속히 오기를 바란다.

블루보틀의 철학을 공유할 직원이 있어야 한다

'웃음'의 동의어가 '바리스타'라고? 아니, 이런 황당한 말이 있나? 무턱대고 웃음의 동의어가 미소가 아닌 바리스타라고 주장한다면 아마 황당하게 들릴 것이다. 하지만 블루보틀 매장을 한 번이라도 방문해 본 사람이라면 왜 웃음의 동의어가 바리스타인지 어렵지 않게 눈치채게 된다. 왜냐고? 한번 방문해 보라.

블루보틀의 바리스타들은 늘 웃는다. 왜 웃는지는 필자도 잘 모르겠다. 블루보틀의 바리스타들은 그저 웃는다. '고객을 대할 때는 상냥한 미소를 지어야 한다'라는 교육을 받아 억지로

미소를 머금은 모습이 아름다운 블루보틀 직원

웃는 웃음이 아니다. 자연스럽게 몸에 배어 있는 웃음이다. 언제라도 고객을 향해 환하게 웃을 준비가 되어 자신도 모르는 사이에 숨을 쉬듯이 나오는 미소다. 이와 같은 웃음은 블루보틀의 철학과 연결된다. 소비자를 존중하는 자세 말이다.

고객이 아닌 같은 직원인 바리스타들끼리도 웃음을 짓는다. 때로는 너털웃음을 터트리면서 환하게, 때로는 살짝 웃음을 배어 물고 따뜻한 시선으로 동료를 바라본다. 그들은 같은 일을 사랑하고, 같은 고객에 친절하고, 서로를 존중하는 마음을 갖고, 자신이 몸담은 블루보틀에 자긍심을 느낀다. 블루보틀의

미소를 머금은 블루보틀의 바리스타

바리스타들이 서로 웃고 존중하는 이유이다.

자신과 동료를 사랑하는 마음에 기초하지 않는다면 마음에서 우러나오는 진정한 의미의 고객 존중과 배려일 수 없다. 마음속에 품은 생각이 행동과 일치하지 않으면 우리는 가식 혹은 위선이라고 부르지 않는가! 만약 그런 자세를 가진 직원들이 많다면 안타깝지만 얼마 가지 못해 비참한 결과를 맞을 것이다.

블루보틀은 자신들이 갖고 있는 철학을 무엇보다 중요하게 여기는 기업이다. 새롭게 오픈한 매장에서 일할 바리스타를 채용할 때는 창업자인 제임스 프리먼이 직접 면접을 거쳐 채용했다. 블루보틀의 철학을 이해하고 바탕으로 하는 직원, 고객들과 소통하면서 블루보틀 방식으로 만든 커피를 서비스하는 직원을 채용해야 하기에 매장이 적을 수밖에 없지 않았을까? 불현듯 그런 생각이 들었다.

오늘날 좋은 인재의 확보가 기업의 경쟁력과 직결된다는 것은 하나의 법칙과도 같다. 블루보틀은 단순히 일하는 직원을 원하지 않는다. 자신들의 철학을 이해하고 비전을 공유할 직원 이상의 인재를 원한다. 블루보틀이 원하는 직원을 찾을 수 있는 곳이라야 비로소 신규 매장 출점을 고려한다.